발달장애·자폐 스펙트럼 아이를 위한
생활 밀착 길라잡이

바로
찾아 쓰는
열 가지
비법

바로 찾아 쓰는 열 가지 비법: 발달장애·자폐 스펙트럼 아이를 위한 생활 밀착 길라잡이

초판 1쇄 2022년 7월 14일 2쇄 2023년 11월 14일

글 테리사 A. 카던 옮김 민수현 그림 우나리 부록 이미지 Shutterstock

펴낸이 황인옥 편집 김익선 디자인 이아진 마케팅 임수진 영업 정원식

펴낸곳 나무말미 출판등록 제2020-000134호 주소 서울시 마포구 월드컵북로 400 5층 24호

전화 0507-1429-7702 팩스 0504-027-7702 인스타그램 @namumalmi_publisher

홈페이지 https://namumalmibooks.modoo.at

ISBN 979-11-91827-11-8(13370)

Top Ten Tips: A Survival Guide for Families with Children on the Autism Spectrum

By Teresa A. Cardon, MA,. CCC-SLP

Original copyright © 2008 by AAPC Publishing, Inc., USA

Korean translation copyright © 2022 by NAMUMALMI Publisher

Korean translation rights arranged with AAPC Publishing, Inc., USA

나무말미는 장마철 잠깐 해가 나서 땔나무를 말릴 수 있는 시간을 뜻하는 우리말입니다.

발달장애·자폐 스펙트럼 아이를 위한
생활 밀착 길라잡이

바로
찾아 쓰는
열 가지
비법

글 **테리사 A. 카던**
옮김 **민수현**

나무말미

감사의 글

이 책은 사랑으로 맺은 결실입니다. 이 책이 출판되기까지 많은 분들의 도움을 받았습니다. 다들 바쁜데도 불구하고 우리 가족을 위해 물심양면으로 지원해 주셨습니다. 여러분 모두에게 진심으로 감사드립니다!

특히 한 사람에게 더 큰 감사 인사를 전하고 싶습니다. 신디, 당신은 정말이지 위대한 엄마이자 나의 소중한 친구예요. 나는 당신의 열렬한 팬입니다. 에릭과 함께하는 여정에 나를 초대해 주어 감사합니다! 신디가 있어서 내가 이 책을 만들 수 있었어요. 독자의 관점에서 중요한 정보들을 계속 모아 주었던 것이 큰 도움이 되었지요. 감사해요.

물론 나의 사랑하는 가족인 크레이그, 라일리, 브릴린에게도 감사 인사를 전합니다. 가족의 사랑과 응원을 받는 나는 축복받은 사람이에요. 가족의 이해와 인내가 없었더라면 이 책을 완성하지 못했을 거예요! 진심으로 고마워요. 모두에게 내 사랑을 보냅니다.

테리사 A. 카던

현장에서 만난 자폐 스펙트럼 아이의 어머님이 하신 말씀이 생각납니다. "늘 안개 낀 거리를 헤매는 것 같아요. 누군가 우리가 갈 길을 알려 주면 좋을 것 같은데 참 힘드네요." 그러면서 도움이 될 만한 책을 추천해 달라고 하셨습니다. 이론서는 읽을 시간도 없고 어렵기만 하니 읽기 쉽고 실생활에 도움이 되는 책으로 말이지요. 사실 이런 질문을 받을 때면 참으로 난감했습니다. 하지만 이제는 그러지 않아도 될 것 같습니다. 《바로 찾아 쓰는 열 가지 비법: 발달장애·자폐 스펙트럼 아이를 위한 생활 밀착 길라잡이》라면 행복한 마음으로 추천해 드릴 수 있으니까요.

이 책에는 경험해 본 사람들만이 알 수 있는 어려움과 지혜, 노하우가 그대로 담겨 있습니다. 자폐 스펙트럼 아이를 둔 가족들의 삶이 녹아 있지요. 비법들은 짧게 정리되어 있지만, 독자 여러분은 느낄 수 있을 것입니다. 그 속에 들어 있는 자폐 스펙트럼 아이 가족들의 숱한 시행착오와 끝없는 사랑을 말입니다.

이 책은 자폐 스펙트럼 아이의 가족들이 어떻게 해야 할지 막막한 순간, 그 해답을 알려 줄 것입니다. 때에 따라, 장소에 따라, 상황에 따라 대처하는 방법뿐만 아니라 앞으로 일어날 수 있는 문제에 대해서도 미리 대처할 수 있도록 준비시켜 줄 것입니다.

늘 사랑과 헌신으로 자폐 스펙트럼 아이를 키우는 부모님들과 양육자들, 그리고 선생님들에게《바로 찾아 쓰는 열 가지 비법: 발달장애·자폐 스펙트럼 아이를 위한 생활 밀착 길라잡이》가 희망과 위로가 될 수 있길 바랍니다.

2022년 6월 민수현 드림

앞이 막막한
부모님들에게

크리스티 사카이
《아스퍼거 패밀리가 사는 법》의 저자

　자폐 스펙트럼 장애는 어렵습니다. 이론과 치료 방법이 매우 다양하며, 전문가들조차 알 수 없는 영역이 많아서 서로 의견이 엇갈리기도 합니다. 여기에 또 하나! 개인별로 자폐의 특성이 다르게 나타난다고 한다면 과연 어떻게 한 아이를 도와야 하는지 더 막막할 수밖에 없습니다.

　저는 여러분이 어떤 치료를 선택하든 간에 아이가 실생활에서 필요로 하는 것을 바로 도와주는 것이 더 중요하다고 생각합니다. 이 책은 자폐 스펙트럼 아이의 부모이자 선생님인 우리가 흔히 맞닥뜨리는 일상적인 상황을 해결하는 데 바로 도움이 되는 다양한 비법과 조언들을 제공합니다.

　저의 세 아이 중에서 첫째가 처음 자폐 스펙트럼 진단을 받았을 때에는 이러한 주제를 다룬 책이 없었고, 자폐 스펙트럼이 정확히 무엇인지 이해하는 것조차 어려웠습니다. 특히 제가 겪는 일상적인 어려움들에 대한 정보가 거의 없다는 사실이 가장 힘들었습니다. 어떻게 아이와 외출하고, 다른 사람들과의 사이에서 일어나는 일들을 해결할 수 있을까요? 만약 외출을 할 수 있을 정도로 용감하더라도 어떻게 하면 아이의 양치질과 목욕을 좀 덜 힘들게 시킬 수 있을까요? 저는 종종 좌절하며 "어떻게 해야 하지?"라고 혼잣말을 했어요.

몇 년 후에 둘째, 셋째 아이가 진단받았을 때에는 자폐 스펙트럼에 대한 정보가 시장에 너무 많이 쏟아져 나와 혼란스러웠습니다. 정보가 넘쳐 났습니다. 읽어 보아야 할 책이 너무 많았지만, 시간도 에너지도 책을 살 돈도 없었습니다. 게다가 대부분의 정보는 학교나 임상 상황에 맞춰져 있어 가정에서는 적용할 수 없었습니다. 저는 그저 누군가가 "이렇게 해 보세요."라고 요약해 주기를 바랐습니다. 저에게 정말 필요한 것은 일상생활에 적용할 수 있는 실질적인 지침과 조언이었어요. "저에게 방법을 알려 주세요. 그럼 제가 적용해 보고 알맞은지 볼게요."가 제가 하고 싶은 말이었습니다.

필요는 발명의 어머니라고 하지요. 세 명의 자폐 스펙트럼 아이들과 오랫동안 시행착오를 겪으며 일상적인 어려움을 해결하는 방법을 찾았습니다. 저는 저와 같은 자폐 스펙트럼 아이를 둔 부모님들의 조언에 의지했고, 그들과 서로의 생각을 공유했습니다. 하지만 노력만큼 효과가 나지 않는 성장의 정체기에 다다랐지요. 그때 우리 모두는 말로 표현할 수 없을 만큼 충격을 받았지만, 이 또한 이겨 냈습니다! 하지만 그동안 아이들과 부모들은 좌절감 속에서 눈물을 삼켜야 했지요! 자폐 스펙트럼을 이해하고 지식과 경험을 바탕으로 조언해 줄 전문가가 없었기에 필요 이상으로 힘든 시간을 보낸 것입니다.

다행히도 여러분은 맨 처음부터 시작할 필요가 없습니다. 여러분보다 앞서 그 길을 갔던 사람들로부터 지혜를 배울 수 있으니까요. 이 책은 자폐 스펙트럼 아이로 인해 바쁘게 생활하는 가족들이 문제 상황에서 바로 쓸 수 있는 방법들을 담았습니다. 일반적으로 일어나는 문제들을 주제별로 분류하고, 그 문제들을 해결할 수 있는 방법들을 열 가지로 목록화하여 간략히 알려 줍니다.

아이에게 가장 적합한 방법을 찾기 위해서는 여러 번 시도해야 합니다. 단번에 방법을 찾았다면 정말 대단합니다! 잘 되지 않았다면 목록으로 돌아가 아이에게 맞는 방법을 찾을 때까지 계속 시도해 보세요. 이 책을 가지고 있다는 것은 무슨 일이 있어 친구에게 전화를 했는데 친구가 금방 전화를 받는 것과 같습니다. 어려움이 있다면 다시 목록을 보고 아이에게 효과가 있었던 것이 무엇이었는지 확인부터 하세요. 결국 답은 거기에 있습니다.

저는 이 책에 원고를 기고해 준 분들을 잘 압니다. 그들은 모두 자폐 스펙트럼 아이와 함께 녹록하지 않은 상황을 잘 견디고 있습니다. 그들은 누구보다도 자폐를 잘 이해하고 있으며 우리와 공유할 수 있는 지식과 경험이 풍부합니다. 이 책에 있는 비법들은 이론적이고 추상적인 방법이 아니라 자폐 스펙트럼 아이의 가족들이 이미 활용해 보고 검증한 해결 방법입니다. 제가 직접 세 아이에게 그 방법들을 써 보았기 때문에 그 효과를 누구보다 잘 알고 있습니다.

이 책에는 제가 아직 시도해 보지 않은 방법들도 있습니다. 언젠가 요긴하게 쓰리라 기대하는 방법들이지요. 혼자서는 해결하지 못할 문제들에 대한 비법을 알아 두게 되어서 든든하네요! 필요할 때 펼쳐 볼 책이 있다는 것은 내 곁에 천군만마를 둔 것과 같아요. 실생활에 바로 쓸 수 있는 비법들을 알려 주신 자폐 스펙트럼 아이의 가족과 전문가들에게 진심으로 감사한 마음을 전합니다.

이 책을 활용하는 열 가지 방법

1 어려운 일이 있을 때 바로 꺼내 보는 책으로 만드세요. 가까이 두고 필요할 때마다 꺼내 보세요. 책을 펼치기만 하면 바로 새로운 비법들을 찾을 수 있을 테니까요.

2 외출할 때도 가져가세요. 약속 시간이 남았을 때 간편하게 빨리 읽기 좋습니다. 병원에서 과월호 잡지를 보는 것보다 훨씬 나을 거예요!

3 소파 곁에 두고 집에서 잠시 쉴 짬이 나면 꺼내 보세요. 집 안이 조용하다고 걱정하지 마시고 방해받지 않는 나만의 시간을 즐겨 보세요. 아이들이 투닥거리더라도 잠시 책을 읽으며 시간을 보낸 뒤에 가 보세요. 그러면 싸움이 진정되어 있기도 해요. 이 책은 정리가 잘 되어 있어서 책을 읽다가 중간에 아이들에게 가 봐야 할 때 읽기를 잠시 멈추기도 쉽습니다.

4 친척들에게도 이 책을 권해 보세요. 이해하기 쉽고 보기 편하게 나눠져 있어서 친척들이 이 책을 읽고 나면 당신의 아이를 돌봐 줄 수 있을 거예요. 그러면 당신은 남편이나 친구와 시간을 보내거나 혼자만의 여유를 가질 수 있어요.

5 이 책을 읽는 당신이 남편이자 아빠라면, 당신은 정말 훌륭한 사람이네요. 제 남편은 병원에 입원해 있는 동안 더 이상 읽을거리가 없을 때까지 이 책을 펼치지 않았으니까요. 물론 결국 남편은 이 책을 재미있게 읽었어요. "오! 이렇게 하면 되겠네!" 하고 감탄까지 하면서요. 제 남편은 어떤 문제에 맞닥뜨렸을 때 이 책이 큰 도움이 됐다고 했어요. 남편에게 문제 상황에서 무엇을 어떻게 해야 하는지 일일이 목록을 만들어 줄 필요도 없어요. 여기에 다 적혀 있으니까요!

6 아이의 선생님에게 이 책을 선물해 보세요. 바로 활용할 수 있는 부분에 표시까지 해서요. 선생님들은 시간이 없기 때문에 간단히 쉽게 읽을 수 있는 것을 좋아해요. 선생님들에게도 어려움이 있고 실용적인 해결책이 필요해요. 우리가 그들의 필요를 알아주고 먼저 도움을 주면 그들도 고맙게 생각할 거예요.

7 부모 모임을 할 때 이 책에 나온 방법들에 대해 이야기를 나누어 보세요. 저는 종종 이 책을 모임에 가져가 대화를 하곤 합니다. 실용적인 방법들을 공유할 수 있을 뿐만 아니라 대화 중에 새로운 방법을 생각해 낼 수도 있거든요. 그런 방법이 있다면 적어 놓았다가 이 책의 저자와 공유해 주세요. 너무 좋은 책이라 속편이 나오면 좋을 것 같아요!

8 지치고 지친 친구나 지인에게 책을 선물하세요. 마트 바닥에 벌러덩 누워 소리를 지르는 아이를 둔 엄마를 본 적이 있으신가요? 그 엄마는 어떤 칭찬을 듣는 것보다 이 책을 선물 받는 것을 더 좋아할 거예요. 엄마들과 이야기를 나눠 보면 그들이 얼마나 힘들고 지쳐 있는지 놀라울 정도랍니다.

9 아이와 함께 읽어 보세요. 아홉 살 된 딸과 몇 가지를 읽어 보았는데 반응이 흥미로웠어요. 아이는 놀랍게도 통찰력을 발휘해 자신에게 가장 잘 맞는 방법들을 찾아내더라고요. 연령이 높은 자폐 스펙트럼 아이에게는 직접 읽게 하세요. 그리고 말하세요. "너는 자폐 스펙트럼 전문가야. 이 책에 대해 어떻게 생각하니?" 우리가 원하는 것은 아이 스스로 자기 관리를 하게 만드는 거잖아요. 이 책은 아이가 스스로 자기 관리를 해 나가는 데 디딤돌이 될 수 있습니다.

10 이 책에 있는 방법들에만 너무 얽매이지 마세요. 이 책을 매일 당신이 마주하는 여러 문제 상황을 처리할 방법을 찾는 방향키로 사용해 보세요. 어려움이 생기면 무엇이 문제인지 차근차근 들여다보고 다른 사람에게 조언을 구하세요. 당신 또한 어려움을 겪고 있는 사람들에게 조언하는 것을 마다하지 마세요. 문제 속에 답이 있다고 하죠. 어려움을 해결하는 방법도 분명 있답니다. 당신은 그 해결책을 하나 아니 이미 열 개를 찾았답니다! 함께 나누어 주세요.

● 크리스티 사카이가 쓴 《아스퍼거 패밀리가 사는 법》은 2006년 미국 자폐협회의 가족·사회 부문 '올해의 우수 문학 작품'으로 선정되었습니다. 크리스티는 미국 전역을 다니며 자폐 스펙트럼에 대해 강연을 하고 자폐 스펙트럼 장애인과 그 가족들을 지지하는 활동을 하고 있습니다. 혹시라도 크리스티를 만나고 싶다면 미리 전화부터 해 주세요. 지저분한 집을 치울 시간도 필요하고, 커피 물도 올려놓아야 하니까요.

차례

01 일상 활동이 어려울 때

조금씩 하다 보면 혼자서도 잘해요!

이제 여러분 곁에는 친절한 길라잡이가 있습니다

《바로 찾아 쓰는 열 가지 비법: 발달장애·자폐 스펙트럼 아이를 위한 생활 밀착 길라잡이》에 입문하신 것을 축하합니다. 이 책은 당신이 자폐 스펙트럼 아이와 함께 살면서 겪을 수 있는 문제 상황을 빠르게 해결할 수 있도록 도울 것입니다.

이 책만의 독특한 점들

1 이 책은 어려운 이론이나 장황한 설명 없이 간단히 읽을 수 있도록 구조화되어 있습니다. 매우 실용적이고 적확하지요. 당신이 지금 당장 알고 싶은 것들만 들어 있답니다!

2 이 책은 세계 최고의 자폐 스펙트럼 전문가들이 제공한 조언들로 구성되어 있습니다. 최고로부터 얻은 모든 정보가 여기 있습니다!

3 당신처럼 매일 자폐 스펙트럼 아이와 함께 살고 있는 가족들도 비법과 조언들을 보내왔습니다. 그 가족들은 수많은 시행착오를 겪으며 어렵게 비법을

찾았지요. 이런 수고를 먼저 해 주신 분들에게 감사하며, 이제 당신과 이 비법들을 공유하려 합니다.

4 특정 전략이나 개념에는 별표(*)를 표시했습니다. 이 내용들은 부록에 자세히 설명했으므로 편리하게 찾아 사용할 수 있습니다.

이 책을 최대한 활용하는 방법, 바로 보고 바로 사용하기!

이 책은 어떤 일이 생기면 그 일을 바로 찾아보도록 구성되어 있습니다. 예를 들어, 머리를 하러 가야 하는데 어떻게 할지 모른다면 '미용실 가기' 부분을 펼쳐 보세요. 열 가지 훌륭한 비법이 여러분을 기다리고 있지요. 생일 파티를 하려고 하는데 아이가 파티를 두려워한다면 '생일' 부분을 보세요. 여기에 도움이 될 만한 열 가지 비법이 있답니다!

사실 이 책은 모든 문제에 대한 비법을 담고 있지는 않아요. 또한 그 비법이 마법처럼 문제를 당장 해결해 줄 거라고 기대하는 건 현실적이지 못해요. 어떤 방법은 지금 당장 효과적일 수도 있고, 추후에 적용해야 할 수도 있어요. 또 어떤 비법은 당신의 아이나 가족에게 전혀 맞지 않을 수도 있고요. 그래도 괜찮아요. 적용해 볼 수 있는 다른 방법들이 여전히 많으니까요. 이 비법들을 길라잡이로 생각해 주세요. 일부는 당신을 통해 더 발전될 수도 있어요. 여기서 중요한 점은, 당신이 처음부터 그 길을 만들지 않아도 된다는 거예요. 이 책이 당신을 올바른 방향으로 인도하는 길라잡이가 되어 줄 테니까요.

각 주제의 비법들은 특별한 순서 없이 나열되어 있어요. 한번 보고 당신과 가족에게 가장 필요한 것부터 시작해 보세요. 행운을 빕니다!

자폐 스펙트럼 아이가
내 아이여서
좋은 점 열 가지

신디 오델

1

내 아이는 절대 거짓말을 하거나 다른 사람을
속이지 않아요. 매우 믿음직하고 정직하지요.
내 아이의 말에는 진심이 담겨 있어요.
언제나요.

2

내 아이가 진단을 받지 않았다면 결코
만나지 못했을 좋은 사람들을 만났어요.
그들과 나는 자폐라는 공통의 유대를
통해 깊은 우정을 나누는 끈끈한 관계가
되었답니다.

3

내 아이는 규칙을 따르고 올바른 일을 하고
싶어 해요. 내 아이는 다른 사람을 기쁘게 하는
것이 목표랍니다.

4

내 아이는 진정한 행복을 알고 느낍니다.

5

내 아이의 포옹은 100퍼센트 진짜예요.
아이에게 포옹을 받는 건 영광스러운 일이에요.

6

내 아이는 순수해서 다른 아이들보다 어린 시절을
조금 더 오래 즐길 수 있답니다.

7

내 아이는 비꼬는 말이나 빈정거리는 말은
이해하지 못해요.

8

내 아이는 오늘을 살고 있어요. 어제는 지나갔고
내일은 아직 오지 않았으니까요.

9

내 아이의 웃음과 미소는 순수한 마음을 보여 줘요.
아이는 숨겨 둔 의도가 전혀 없답니다.

10

내 아이는 매일 새롭게 저를 가르쳐요. 웃고, 놀고,
상상 놀이를 하고, 다른 사람의 말을 듣고, 정직하고,
절대 거짓말을 하지 말라고요.
아이는 나에게 내면의 목소리를 따라가고
마음으로 느끼는 방법을 가르쳐 준답니다.

매일 하는 일인데도 아이는 힘들어할 때가 많아요.

부모가 도와줄 수 있지만, 언제까지나 그럴 수는 없지요.

아이가 자립적인 사람으로 자라게 하려면

일상생활을 하는 데 필요한 일들을 꼭 가르쳐야 해요.

아이가 매일매일 해야 하는 일들을

부모의 도움 없이 스스로 할 수 있도록

도와주는 비법들을 소개합니다.

조금씩 하다 보면
혼자서도 잘해요!

목욕하기

1 목욕 시간도 학습을 병행하는 시간으로 활용할 수 있습니다. 물론 부모님이 너무 피곤하지 않은 날에만요. 욕조에서도 사용 가능한 낱말 카드와 면도 거품을 준비해 주세요. 낱말을 소리 내어 말하며 낱말 카드들을 욕실 벽에 붙입니다. 그런 뒤, 욕실 벽에 면도 거품으로 그 낱말을 따라 써 주세요. 목욕을 좋아하는 아이라면 집중도 잘할 테고 더불어 욕실 벽도 깨끗해질 테니 일석이조랍니다.

조앤나 키팅-벨라스코

2 내 아들은 물에 머리가 젖는 것을 힘들어했어요. 물이 머리에서 흘러 내려 눈에 들어가는 것도 싫어했지요. 머리 감는 걸 익숙하게 하고, 아들의 감각을 통합시켜 주기 위해서 안전 거울을 사서 욕실 벽에 붙였어요. 엄마가 머리를 감겨 주는 것을 볼 수 있게 말이죠. 거울로 비누 거품을 볼 수 있고 어떤 일이 일어나고 있는지도 볼 수 있으니 두려움은 줄고 목욕 시간은 더 즐거워졌답니다.

에이미 미센식

3 욕실을 아이가 좋아하는 것을 할 수 있는 곳, 혼자만의 시간을 가질 수 있는 곳이 되게 해 주세요. 내 아들은 샤워를 하는 동안 낮에는 통제되었던 말을 하거나 자신이 좋아하는 소리를 마음껏 내는 시간으로 써

요. 샤워는 욕구를 해소할 수 있는 편안한 시간이 되고, 욕실은 안전한 장소가 되지요. 샤워 시간을 20분으로 맞춰 놓고 아이가 시계를 확인하며 샤워하게 하면, 샤워 시간을 수월하게 조절할 수도 있답니다.

홀리 레이크래프트

4 씻는 동안 샤워 부스 유리문에 면도 거품을 바르며 놀게 하세요. 재미있게 놀다 보면 어느덧 샤워도 끝나 있겠지요. 아이들은 물밀대로 샤워 부스 유리문의 물방울을 없애는 것을 좋아하니 시켜 보세요.

신디 오델

5 손으로 잡고 움직이며 물을 뿌릴 수 있는 핸드 샤워기를 설치해 보세요. 아이가 핸드 샤워기를 직접 잡고 자기 몸에 물을 뿌리고 다른 곳에도 뿌려 볼 수 있게 말이에요. 이렇게 하면 아이가 목욕 시간을 조금 더 즐거워할 거예요.

신디 오델

6 노래를 부르며 해 보세요. "우리는 이렇게 머리를 감지, 머리를 감아, 쓱쓱 박박 쓱쓱 박박……." 이렇게 노래를 부르면 노래와 머리 감기를 연결할 수 있어요. 노래가 끝나면 머리 감기도 끝나는 것으로요.

테리사 카던

7 우리 가족에게는 욕조에 몸을 담그고 하는 목욕이 너무 힘들었어요. 그 대신 아이를 꼭 끌어안고 샤워시키는 것은 가능했지요. 아들은 지금도 여전히 목욕보다는 샤워를 좋아해요.

베키 본호프트

8 대부분의 어린아이들은 눈에 물이 들어가는 것을 좋아하지 않습니다. 아이의 머리에 샴푸 캡을 씌워 주세요. 머리를 헹굴 때 물이 눈으로 들어가지 않게요. 수건으로 눈을 가려서 물이 눈에 들어가는 것을 막을 수도 있답니다.

테리사 카던

9 목욕하는 동안 아이가 갖고 놀 만한 것을 줘 보세요. 비누 거품, 목욕책 등 물에 젖지 않는 장난감이면 어떤 것이라도 좋습니다. 핵심은 아이가 목욕하는 동안 다른 것에 집중하게 만드는 것이니까요.

테리사 카던

10 습관이 되도록 계속 반복하세요! 목욕하는 순서를 보여 주는 순서도*를 만듭니다. 욕실에 들어가기, 몸에 물을 묻히기, 머리 감기, 몸에 비누칠하기, 물로 씻기, 욕실에서 나오기, 칭찬과 보상을 받기 등의 순서로 말이죠. 아이가 각 단계를 끝낼 때마다 수용성인 목욕 크레용으로 표시하게 하세요. 아이가 각 단계를 확인할 수 있게 만드는 거예요.

테리사 카던

식사하기

1 아이가 한 번에 너무 많은 양의 음식을 입에 넣는다면, 얼음틀을 이용해 속도를 조절해 보세요. 포크로 한 번 집어 먹을 양만큼의 음식을 얼음틀에 넣어 주는 것이죠. 이렇게 하면 먹는 속도가 자연스럽게 느려질 거예요. 한 번 먹을 때마다 포크를 내려놓을 수 있게 포크 자리를 그려 놓는 것도 도움이 될 거예요. 이게 익숙해지면 얼음틀을 치우고 칸이 나눠진 접시나 유치원에서 쓰는 식판으로 바꾸어 보세요.

민디 스몰

2 음식에 재미를 느끼게 만드세요. 당근으로 그림을 그리고, 감자로 도장을 찍고, 종이 접시에 마카로니를 붙여 보면 재미가 없을 수 없겠지요.

테리사 카던

3 아침 식사를 대신해 먹어도 좋은 음식들을 커다란 통에 가득 채워서 선반이나 냉장고에 넣어 두세요. 아이가 아침에 먹을 음식을 그 통 속에서 직접 고르게 하는 거예요. 통 안에 있는 음식이라면 아무거나 먹어도 상관없어요. 아이는 자기가 직접 선택한 음식이기에 거부감 없이 먹을 것입니다.

신디 오델

4 음식을 찍어 먹을 수 있는 소스를 많이 준비해 주세요. 케첩, 랜치 소스, 머스터드소스 등을 사용하는 것을 두려워하지 마세요. 음식을 더 맛있게 만들고 몸에 해롭지 않다면 어떤 걸 사용해도 괜찮으니 걱정하지 마세요!

테리사 카던

5 영양 균형을 위해서 아이가 싫어하는 음식을 먹게 해야 할 때에는, 먼저–다음* 카드를 사용해 보세요. 아이가 먹기 싫어하는 음식을 '먼저' 카드 위에 놓고, 좋아하는 음식을 '다음' 카드 위에 놓아요. 효과가 바로 나타나지 않을 수도 있어요. 그래도 괜찮아요. 아이가 싫어하는 음식 앞에 앉아만 있어도 발전된 것이니까요. 아이에 따라서는 먹기 싫어하는 음식을 손으로 만지고 입에 가까이 가져가는 것만으로도 보상을 해 줄 수 있습니다.

조앤나 키팅-벨라스코

6 제철 음식이나 명절 음식을 항상 그때만 먹으란 법은 없어요. 간식도 마찬가지이고요. 기억하세요, 우리는 전통이 아니라 영양을 중요하게 생각해야 한다는 것을요.

테리사 카던

7 사진으로 된 메뉴판을 만들어 아이에게 주세요. 아이는 메뉴판을 보고 자기가 선택할 수 있는 음식에는 무엇이 있는지 알 수 있게 돼요. 아이에게 선택권을 주면, 아이는 음식을 먹을 때 긴장과 불안을 느끼지 않을 수 있답니다.

테리사 카던

8 만약 아이가 한 가지 식감의 한정된 음식만 먹는다면, 비슷한 식감의 음식부터 천천히 접하게 하세요. 그러고 나서 새로운 식감의 음식들을 아주 천천히 소량부터 시도하세요.

민디 스몰

9 아이에게 생소한 음식이라면 아이의 개인 접시에 담아 주기 전에 먼저 식탁 위에 올려놓기만 하세요. 새로운 음식을 조금씩 가까이 아이 쪽으로 움직여 마지막에는 아이의 개인 접시 옆까지 옮기는 거예요. 이렇게 아이가 새로운 음식에 차츰 익숙해지게 도와주세요.

테리사 카던

10 새로운 음식을 소개할 때는 아이가 먹을 것이라고 기대하지 말고 며칠간 접시에 올려놓기만 하세요. 시간이 지나면 아이는 그 음식을 보거나 냄새를 맡는 것이 익숙해지고 대개는 맛을 보려고 시도할 거예요.

민디 스몰

양치질하기

1 양치질하는 과정을 구분해서 명료하게 알려 주세요. 순서도*를 만들어 해야 할 행동을 순서대로 사진으로 보여 주면 다음에 무엇을 해야 할지 고민하지 않아도 될 거예요. 부모님이 양치질할 때마다 일관된 순서로 행동하면, 아이는 양치질하기의 순서를 더 잘 터득할 수 있습니다.

테리사 카던

2 반짝반짝 불빛이 들어오는 칫솔을 사용해 보세요. 불빛이 켜져 있는 동안은 계속 양치질을 하고, 불빛이 꺼지면 양치질을 멈추는 거지요. 매일매일 똑같이 반복해 주세요.

홀리 레이크래프트

3 양치질하는 것을 생활 습관으로 만들 수 있는 노래를 찾으세요. 알맞은 노래가 없다면 직접 만들어도 좋아요. 부모님이 이를 닦아 줄 때나 아이가 혼자서 이를 닦을 때에도 늘 노래를 불러 주세요. 아이는 노래가 끝날 때까지 이를 닦아야 한다는 것을 배울 수 있답니다.

테리사 카던

4 아이가 좋아하는 캐릭터의 목소리를 흉내 내어 보세요. 예를 들어, 뽀로로나 아기 상어 목소리로 양치질을 해야 한다고 말하면 부모

님 목소리로 말할 때보다 양치질에 더 관심을 가지게 될 거예요.

제이미 블런트

5 아이가 원하는 칫솔을 선택하게 해 주세요. 노랫소리가 나오는 칫솔, 진동이 울리는 칫솔, 좋아하는 캐릭터가 그려진 칫솔 등 여러 칫솔 중에서 고르게 하는 거예요. 자신이 선택한 칫솔을 사용하면 양치질을 하고 싶은 마음이 절로 들 수 있으니까요.

테리사 카던

6 얼마나 오랫동안 양치질을 해야 하는지 정확한 시간을 알려 주는 시계나 타이머*를 사용해 보세요. 양치질하는 시간이 빨간색으로 표시되고, 시간이 지나가면서 점점 빨간색으로 표시된 부분이 사라집니다. 그러면 양치질도 끝나는 거예요.

민디 스몰

7 양치질은 반드시 욕실에서만 해야 하는 것이 아니에요. 만약 아이가 텔레비전 앞에 서서 양치질을 더 잘한다면, 텔레비전 앞에서 양치질을 하도록 허락해 주세요. 어디서 하든 최종 결과는 똑같으니까요. 반짝반짝 깨끗한 치아!

테리사 카던

8 먼저-다음* 보드판을 사용해 아이에게 다음에 어떤 일들이 일어날지 보여 주세요. 먼저 아이가 양치질을 시작하게 하세요. 그다음 부모님이 양치질을 해 주는 것으로요. 부모님이 양치질의 중간부터나 마무리 단계를 해 주는 것만으로도 양치질 습관을 들이는 데 아주 큰 효과를

볼 수 있습니다.

테리사 카던

9 양치질을 할 때 작은 거울을 가지고 탐정 놀이를 하세요. 아이에게 충치 벌레를 찾게 하고 부모님이 "한 마리를 찾았다!"라고 말하면서 양치질로 벌레를 없애 버리는 것이지요.

테리사 카던

10 양치질과 관련된 이야기를 읽어 주거나 아이를 위해 새로운 이야기책을 만들어 보세요. 가족이나 친구들, 이웃이나 좋아하는 캐릭터들이 양치질하는 사진을 찍어서 책을 만드는 것도 좋습니다. 낮에 시간이 있을 때마다 양치질과 관련된 이야기를 읽고, 양치질하기 바로 전에 다시 읽어 주세요. 양치질하는 동안 책에 나온 내용들에 대해 이야기할 수 있도록 말이죠. 이렇게 하면 부모님은 아이와 힘겨루기를 안 해서 좋고, 아이는 양치질을 하고 싶은 마음을 가지게 되니 모두에게 도움이 된답니다.

테리사 카던

변기 사용하기

1 아이가 기저귀 없이 변기에 앉는 것을 거부한다면 먼저 기저귀에 작은 구멍을 뚫고 아이를 앉히세요. 아이가 변기에 앉을 수 있게 됐다면, 아이가 저항하지 않고 기저귀를 차지 않을 수 있을 때까지 기저귀에 낸 구멍의 크기를 조금씩 늘려 갑니다.

민디 스몰

2 오줌 누는 인형을 준비해 보세요. 인형이 변기에 오줌을 누게 하고 인형에게 칭찬을 해 주세요. 인형이 진짜 오줌을 누는 것처럼 해 주셔야 합니다. 모든 관심을 인형에게만 기울이고, 인형에게 칭찬으로 초콜릿볼이나 사탕을 주는 행동도 진짜처럼 하셔야 합니다. 이렇게 하면 아이가 변기에 소변을 누면 보상을 받는다는 것을 빨리 이해하게 됩니다.

신디 오델

3 변기에 앉아 있는 것이 긍정적인 경험이 되어야 해요. 아이가 화장실에 가지 않고 변기에 앉으려고만 해도 보상을 해 주세요.

테리사 카던

4 아이가 변기에 앉아서 재미있는 활동을 하게 하세요. 면도 크림을 가지고 놀게 하거나 책을 읽어 주거나, 혹은 영상을 보여 줘서 긴장

을 풀어 주세요. 그러고 나서 볼일을 잘 볼 수 있게 격려해 주세요.

테리사 카던

5 남자아이에게 어디에 서서 소변을 보아야 하는지 알려 주고 싶다면 변기 앞에 시트지를 커다란 발 모양으로 잘라 붙여 주세요.

민디 스몰

6 남자아이에게 일어선 자세로 소변 누는 법을 알려 주고 싶다면, 변기 물에 목표물을 띄워 놓아 주세요. 목표물을 향해 소변을 누게 하는 거예요. 목표물로는 동그란 고리 모양의 시리얼 등을 활용해 보세요. 물에 쉽게 녹아 잘 떠내려가니까요.

민디 스몰

7 아이에게 공중화장실 사용법을 가르칠 때에는 변기 물을 내릴 때에 아이가 귀를 막게 해 주세요. 아이가 물 내려가는 모습과 시끄러운 소리에 힘들어할 수도 있으니까요.

제니 클라크 브랙

8 아이가 변기를 사용하는 데 동기부여를 하고 재미를 느낄 수 있도록 스마일 이모티콘이나 칭찬 스티커를 붙이는 보상 차트*를 만드세요. 보상은 소변이냐 대변이냐에 따라 다르게 할 수도 있습니다.

테리사 카던

9 아이가 속옷에 실수를 하는 경험을 하게 하세요. 요즘 기저귀와 팬티 기저귀들은 성능이 너무 좋아서 오줌이나 똥을 눴을 때에도 불

편하지 않을 수 있습니다. 좀 지저분하지만 배변 훈련이 되지 않았더라도 속옷을 입히기 시작하세요. 배변 훈련을 시작했다면, 기저귀를 다시 채우지 마세요. 많은 아이들이 외출할 때까지 화장실에 가지 않고 참아요. 아이들은 엄마와 아빠가 집 밖에서는 기저귀를 다시 준다는 것을 아니까요.

테리사 카던

10

변기 훈련을 위해 며칠 동안은 아이에게 물을 많이 마시게 하고, 변기를 아이가 쉽게 찾을 수 있는 곳에 두세요. 그런 다음 반드시 30분마다 아이를 변기에 앉혀 주세요. 속옷을 입혀 아이가 실수를 했을 때 축축함을 느낄 수 있게 하세요. 특히 처음 변기 훈련을 한다면, 팬티 기저귀를 입혀 주지 마세요. 아이가 일정 시간 볼일을 참을 수 있어 변기 훈련을 할 준비가 된 시기라면, 다시 팬티 기저귀가 입혀졌을 때 혼동스럽기 때문입니다.

테리사 카던

방 정리하기

1 아이 방에 있는 서랍에 라벨을 붙여 각각의 서랍에 무엇이 들어 있는지 표시하세요. 이렇게 하면 세탁한 옷들과 개인 물건들을 어디에 넣어야 하는지 알 수 있어 스스로 정리할 수 있어요. 라벨은 아이가 이해할 수 있는 손 글씨, 사진, 그림 등으로 만드세요.

민디 스몰

2 아이 방에 자기 빨랫감을 담을 수 있는 바구니를 놓아 주세요. 자신만의 빨래 바구니를 가질 나이가 되었다고 격려하면서 아이가 빨래 바구니에 빨랫감을 골인시킬 때마다 점수를 기록할 수 있는 점수판을 만들어 주세요. 점수가 어느 정도 되면 작은 것으로라도 보상을 해 주세요. 빨래 바구니를 사용하는 게 익숙해지면 모은 빨랫감을 직접 세탁실에 가져다 두거나, 자신의 빨랫감을 가족의 빨래 바구니로 옮겨 담는 것으로 확장할 수 있답니다.

조앤나 키팅-벨라스코

3 들기 가볍고 세워 둘 수 있는 진공청소기를 마련하세요. 아이가 직접 고르면 더 좋습니다. 처음에는 진공청소기로 자기 방만 청소하게 하세요. 청소 후 보상 차트*에 표시를 하게 해서 작은 보상을 받을 수 있도록 합니다. 만약 아이가 진공청소기 소리를 싫어한다면, 헤드폰을 쓰고 음악

을 들으며 청소하도록 해 주세요.

조앤나 키팅-벨라스코

4 아이가 장난감을 어디에 두어야 하는지 안다면 정리를 잘할 수 있을 거예요. 큰 장난감을 두어야 하는 곳에는 큰 장난감 그림을, 작은 장난감을 보관하는 선반에는 작은 장난감 그림을 붙입니다. 처음 몇 번은 아이를 도와주세요. 하다 보면 아이 혼자서도 장난감을 잘 정리할 수 있습니다.

테리사 카던

5 블록이나 작은 조각들로 된 장난감을 정리하는 상자에는 각각의 장난감 그림을 붙여 놓는 것이 좋습니다. 이렇게 하면 서로 다른 장난감들이 섞여서 속상한 일이 줄어들 테니까요.

테리사 카던

6 청소를 빨리하고 싶다면 커다란 동물 인형들을 담을 바구니를 준비해 보세요. 아이들이 동물 인형들을 바구니에 던지면 청소 끝!

테리사 카던

7 아이에게 자기 공간 관리법을 가르쳐 주기 위해서는 공간을 물리적으로 구조화시키는 것이 매우 중요합니다. 가구를 전략적으로 배치해서 영역을 구분하고, 각 영역이 고유한 특징을 갖도록 해 주세요. 예를 들어 책장을 놓아 조용한 영역임을 표시하거나 러그를 깔아 놀이 하는 영역임을 알려 주는 것이지요. 이렇게 하면 효과가 아주 좋답니다.

테리사 카던

8 방 청소를 어떻게 해야 하는지 구체적으로 일을 나누고 시간을 정해 주세요. 하루 만에 방 청소를 다 하는 것은 너무 부담스럽잖아요. 방 청소를 사오 일 동안 나눠 할 수 있게 일을 분배해 보세요. 그러고 나서 매일 한 일을 표시하고 점검하도록 차트를 만들어 줍니다. 예를 들면, 월요일은 책 정리, 화요일은 장난감 정리, 수요일은 진공청소기로 바닥 청소, 목요일은 옷 치우기 등으로요.

테리사 카던

9 시각적인 보상 시스템으로 청소 사다리를 만들어 보세요. 먼저 아이가 방에서 청소해야 할 것과 아이가 보상으로 받을 것을 시각 자료로 만듭니다. 그런 다음 사다리의 아래칸부터 청소, 보상을 번갈아 붙이세요. 사다리를 올라갈수록 청소 난이도가 높아지고 보상도 점점 큰 것이 되도록 하세요. 아이가 자신이 좋아하는 것을 얻으려면 무엇을 해야 하는지 청소 사다리를 통해 눈으로 확인할 수 있어 동기가 부여됩니다.

테리사 카던

10 방 정리를 위한 다른 그림 찾기 놀이를 해 보세요. 아이의 방을 청소한 다음에 깨끗한 상태의 침대, 책장, 옷장, 바닥, 벽 옷걸이 등 각 영역의 사진을 찍습니다. 그러고는 그 사진들로 약 10쪽가량의 사진책을 만듭니다. 매일 저녁 아이의 방에서 이 사진책을 보세요. 각 영역의 사진을 보면서 지금 방과 다른 그림 찾기 놀이를 하는 거예요. 아이는 사진과 다른 것을 찾는 즉시 정리할 수도 있고, 사진책을 끝까지 보고 나서 한꺼번에 정리할 수도 있습니다.

캐스린 졸리

하루 시작하기

1 눈으로 확인할 수 있는 작은 시각적 스케줄표*로 하루 동안 할 일을 알려 주세요. 예를 들면, 양치질하기, 세수하기, 옷 입기, 아침 먹기, 버스 기다리기 등으로, 일종의 '오늘의 할 일 목록'입니다. 아이가 스케줄표대로 할 일을 한 뒤 표시를 하게 해서 점검할 수도 있습니다.

민디 스몰

2 아이가 해야 할 일들을 기억하는 방법으로 시각 자료를 사용하도록 가르치세요. 예를 들면, 특정한 장소에 약을 보관하고 '약'이라고 적은 종이를 붙여 놓아 아침마다 약을 챙겨 먹는 일을 기억하도록 말입니다.

다이앤 안드레온

3 아이가 알람 시계에 맞춰 혼자 일어나도록 가르치세요. 대개 부모들은 아이가 학교에 늦지 않도록 아침에 아이를 깨워 줍니다. 그러나 언제까지나 그럴 수는 없지요. 아이가 스스로 알람 시계에 맞춰 일어나도록 가르치는 것이 필요합니다. 알람 시계에서 나는 소리를 음악이나 경기 종료를 알리는 버저음 등으로 해 보고, 볼륨도 여러 높낮이로 해 봐서 어떤 것이 효과가 있는지 실험해 보세요. 아침에 일어나기가 어려운 아이라면 알람 시계를 잠자리와 멀리 떨어진 곳에 두세요. 알람 시계가 울리면 일어나서 끄러 갈 수밖에 없도록 만드는 겁니다. 추후에는 아이가 스스로 알람 시

계의 시간을 맞추게 하고, 더 나아가서는 자신이 준비하는 데 걸릴 시간을 예상해 스스로 알람을 맞출 시간을 정하게 합니다.

다이앤 안드레온

4 아이가 신발 끈을 묶을 수 있도록 가르치세요. 색이 다른 두 끈으로 신발 끈 묶기를 연습합니다. 성공하면 동일한 색의 신발 끈을 묶는 것으로 바꾸어 연습합니다.

레나타 어빙

5 아이의 옷을 입을 모양대로 바닥에 놓아 두거나 옷을 입을 순서대로 쌓아 두세요. 속옷을 맨 위에 놓고, 반바지, 티셔츠, 양말이 차례대로 나오게 해 두어 스스로 옷을 입게 합니다.

신디 오델

6 부드러운 빗을 사용해 열까지 세는 동안 빗질을 해 보세요. 아이가 여전히 빗질을 싫어한다면, 손으로 머리를 빗겨 주세요.

홀리 레이크래프트

7 아이가 날마다 샤워 또는 목욕하기, 머리 빗기, 스킨이나 로션 바르기, 깨끗한 옷 입기 등을 할 수 있도록 돕습니다. 장기적으로 훈련하면 아이들은 이삼 일에 한 번 씻는 것보다 매일 샤워나 목욕을 하는 것이 더 쉽다는 것을 알게 됩니다. 아이에게 깨끗하게 씻는 방법을 구체적으로 가르쳐 주세요. 예를 들면, 목욕 타월로 양 겨드랑이를 네 번씩 문지르기 등으로요. 위생이 좋지 못하면 사회생활이 어려우니까요.

다이앤 안드레온

8 아이가 옷 입기를 어려워한다면, 아이가 좋아하는 공주나 히어로 스티커를 이용한 보상 차트*를 만들어 보세요. 아이가 짜증을 크게 내지 않고 옷을 입으면 매일 공주나 히어로 스티커를 받습니다. 스티커를 다섯 개 모으면 공주나 히어로 인형을 선물로 받는 것이지요. 스티커 다섯 개 모으기가 한 번 성공하면, 다음에는 짜증을 조금 덜 내야 스티커를 받을 수 있게 하세요. 그러면 아이는 점차 짜증을 내지 않고 옷을 입게 될 것입니다. 보상은 연령과 아이의 능력에 따라 조정해 주세요. 예를 들어 어린아이는 스티커를 하나만 받아도 보상을 줄 수 있습니다. 아이가 점차 옷 입기를 잘하게 되면 인형 대신 색칠하기 책을 준다든지 보상의 크기를 줄이고, 결국은 보상이 필요 없는 단계까지 나아가세요.

제니퍼 프란센

9 걸이식 수납 주머니를 사용해 일주일간 입을 옷들을 옷장에 정리해 두세요. 각 주머니에 그날 입을 속옷, 바지, 셔츠, 양말까지 한 벌을 챙겨 넣어 두는 겁니다. 모든 것이 한곳에 모여 구조화되어 있으므로 아이는 옷 입기를 명확하게 알고 수행할 수 있게 된답니다.

테리사 카던

10 전날 밤에 미리 책가방을 준비하며 아이가 챙길 수 있는 것들을 챙기게 하세요. 아이가 책가방에 한 가지만 넣더라도 답답해하지 마세요. 아이는 그러면서 미리 계획을 세우고 책임지는 법을 배우는 거니까요.

테리사 카던

가족의 일원으로 산다는 것은 가족의 모든 일상과 활동에
참여한다는 것을 의미합니다. 우리 모두는 가족생활을 통해
사람으로 살아가는 데 필요한 생활 기술을 배웠지요.
자폐 스펙트럼 아이도 이런 과정이 필요합니다.
이 장에서는 가족들이 자폐 스펙트럼 아이를 이해하고,
아이를 가족생활에 참여시킬 수 있는 방법을 알려 줍니다.

가족 안에서 모두
행복해지는 법

일가친척에게
자폐 스펙트럼에 대해
알리기

1 자폐 스펙트럼 아이에게는 가족 모두의 도움이 필요합니다. 친척들은 자폐 스펙트럼에 대해 알고 싶어 하고, 돕고 싶어 할 것입니다. 친척들과 자폐 스펙트럼에 대해 토의해 보는 시간을 만드세요. 친척들과의 토의는 너무 무겁지 않게, 재미도 느낄 수 있게 하면 좋습니다.

조앤나 키팅-벨라스코

2 올바른 정보 자원을 찾아서 가족과 친척들에게 보여 주세요. 자폐 스펙트럼에 대해 알기 쉽게 설명한 웹사이트나 동영상, 자료집, 책 등을 공유하세요. 그들이 알아서 정보를 찾을 때까지 기다리지 마시고요.

베키 본호프트

3 가족들에게 아직 자폐 스펙트럼에 대해 자세히 설명할 자신이 없다면, 사람들이 많이 하는 질문과 답을 모아 놓은 자료집을 준비해도 좋습니다.

신디 오델

4 가족들에게 엘런 노트봄의 저서 《자폐 어린이가 꼭 알려주고 싶은 열 가지》를 읽도록 권하세요. 이 책은 가족들이 자폐 스펙트럼 아이의 강점을 발견할 수 있게 도와줄 것입니다.

베키 본호프트

5 친척, 이웃, 학교 등이 주최하는 행사나 활동에 참여할지 말지 명확하게 의사를 표현하세요. 아이에게 유익하지 않는 행사나 활동은 단호히 거절하세요. 가능하다면 친척들과 친구들에게 행사의 시기를 멀리 떨어뜨려 잡도록 부탁하세요. 아이가 휴식기를 가질 수 있도록요. 이러한 문제는 사람들 특히 가족들에게 빨리 알리면 알릴수록 더 많은 도움을 받을 수 있답니다.

캐스린 졸리

6 자폐 스펙트럼과 관련된 정확한 사실을 알려 주세요. 가족들이 자폐 스펙트럼에 대해 아는 것들은 언론을 통해 귀동냥으로 들은 것이거나 단편적인 정보일 가능성이 높습니다. 가족들이 혼란스러워하지 않도록 양질의 정보를 제공하세요. 당신의 임무는 그들을 교육시켜서 그들이 당신의 아이 양육을 적극적으로 도와줄 수 있게 만드는 것입니다.

테리사 카던

7 친척들에게 각자가 해야 할 일들을 정해 주세요. 친척들은 가족 중 누군가가 자폐 스펙트럼 진단을 받았다는 사실에 심리적 충격을 받고 무력감을 느낄 수 있습니다. 친척들이 당신을 도와줄 수 있는 실질적인 방법이 적힌 책이나 자료들을 건네주세요.

테리사 카던

8 당신의 가족을 가장 잘 아는 사람은 당신입니다. 전체가 모두 모였을 때 알리는 것이 더 효과적이라고 생각한다면 전체 가족 모임을 계획하세요. 가족 일부만 참석하는 점심 식사나 소모임이 더 효과적이라고 생각한다면 그 길을 택하세요. 정답은 없어요. 당신의 마음이 편한 방법이 가장 좋습니다.

테리사 카던

9 당신의 가족은 '자폐'라는 단어에 어떻게 반응해야 할지 모를 수 있습니다. 가족들은 좌절, 슬픔, 혼란 등을 경험할 수 있습니다. 어떤 사람들은 자폐가 고치기 어려운 장애라는 점을 깨닫고는 절망에 빠지기도 합니다. 반대로 아예 자폐를 부정하는 경우도 많고요. 이런 상황에서는 그저 자폐에 대한 정보와 사실을 제공하는 것 말고는 할 수 있는 일이 없을 겁니다. 안타깝지만 그 누구에게도 그것을 받아들이도록 강요할 수 없으니까요.

테리사 카던

10 가족들에게 금전적으로 얼마나 필요한지 알리세요. 지금은 도움을 요청할 때입니다. 가족들이 당신을 돕게 하세요.

테리사 카던

비장애 아이를
돌보는 방법

1 당신의 비장애 아이와 함께할 시간을 따로 확보해 두세요. 자폐 스펙트럼 아이와 별개로 비장애 아이와 함께하는 재미난 시간을 가지는 겁니다. 현장 학습, 독서와 휴식, 편안한 오후 보내기 등 어떤 것을 하든 상관없습니다. 그 아이가 당신의 관심을 받는 특별하고 소중한 존재임을 오롯이 느낄 수 있으면 됩니다. 피곤하더라도 매일매일 이런 시간을 갖도록 노력해 보세요.

린 스턴 페이제스

2 비장애 아이에게도 정서적, 심리적 문제가 생길 수 있습니다. 이때에는 그 아이를 위한 전담 치료사를 고용하는 것을 고려해 보세요. 아이의 문제를 해결하는 데 도움이 될 뿐만 아니라, 아이도 자신이 의지할 특별한 사람이 있다는 것과 세상 사람들 모두가 자폐 스펙트럼 아이에게만 도움을 주는 것이 아님을 알 수 있으니까요.

린 스턴 페이제스

3 다른 어른들에게 당신의 비장애 아이에게도 관심을 가져 주길 부탁하세요. 이웃들, 다른 부모들, 친척들에게 부탁하거나 모두에게 부

탁할 수도 있습니다. 당신 혼자서 모든 것을 할 수는 없으니까요.

린 스턴 페이제스

4 아이들 사이에서 공정성을 유지해야 합니다. 자폐 스펙트럼 아이에게 '금지'되었던 간식을 보상으로 준다면, 비장애 아이에게도 금지되었던 간식을 주어야 합니다. 누군가 받으면, 다른 누군가도 받을 수 있어야 합니다.

린 스턴 페이제스

5 비장애 아이에게도 연령에 적합한 구조화된 보상 프로그램을 적용해 보세요. 이를 통해 비장애 아이도 보상을 받기 위해서는 노력해야 하고, 집에서 지켜야 할 규칙이 있다는 메시지를 전달할 수 있습니다.

린 스턴 페이제스

6 비장애 아이가 자폐 스펙트럼 아이로 인해 스트레스를 받고 화를 낼 수도 있습니다. 이때는 폭력적이지 않는 한, 아이의 감정을 수용해 주세요. 비장애 아이도 자신의 감정을 자유롭게 표현할 권리가 있음을 기억하세요.

조시 산토마우로

7 비록 패스트푸드점에서 간단히 햄버거를 먹더라도 엄마, 아빠와 있는 일대일 시간은 비장애 아이에게 매우 중요하고 꼭 필요한 것임을 명심하세요. 얼른 주차하고 들어가서 함께 자리에 앉으세요. 아이들에게는 오직 당신이랑만 있는 시간이 정말 중요합니다. 아이와 학교생활이나 친구들에 대해 이야기하세요. 영화를 보러 가도 좋아요. 하지만 주의할 것

이 있어요. 절대 자폐 스펙트럼에 대해 이야기하지 마세요. 그 시간 동안은 당신의 눈, 귀, 생각이 모두 오직 그 아이를 향해 있어야 합니다.

신디 오델

8 비장애 형제자매가 자폐 스펙트럼 아이에게 새로운 기술을 가르치게 해 주세요. 때때로 아이는 부모보다 형제자매에게 더 잘 반응하거든요. 게다가 이렇게 하면 당신의 양육에 형제자매의 참여를 자연스럽게 유도할 수 있답니다.

윌리스 A. 심프슨

9 비장애 아이들이 자폐 스펙트럼 아이와 상관없는 자신만의 활동을 적어도 하나 이상 하게 하세요. 스포츠든 스카우트든 아이가 좋아하는 활동이라면 무엇이든 좋아요. 그리고 비장애 아이의 일정도 놓치지 않도록 모든 노력을 기울이세요. 당신은 자폐 스펙트럼 아이가 치료받는 시간을 절대 잊어버리지 않잖아요. 다른 아이들에 대해서도 동일한 양육 태도를 가지셔야 합니다.

신디 오델

10 비장애 형제자매가 자폐 스펙트럼의 증상을 인지할 수 있도록 정보를 제공해 주세요. 아이의 눈높이에 맞는 책을 골라 읽히세요. 시중에 훌륭한 책들이 많이 있으니 참고해 보세요.

테리사 카던

부모 중 한 명이 멀리 여행을 갔을 때

1 날짜마다 부모의 얼굴 사진이나 그림을 넣은 달력을 사용합니다. 부모가 출장이나 외출을 하는 날짜의 얼굴 사진이나 그림에 큰 × 표시를 하세요. 그러면 시각적인 선명도가 높아져 아이가 부모가 부재중인 시간을 쉽게 인지할 수 있습니다.

민디 스몰

2 아이에게 줄 간단한 시각적 지원 자료를 만드세요. 예를 들면, "사랑해."라는 문구를 넣은 엄마와 아빠의 사진, 부모가 돌아오는 날짜 또는 시간을 표시한 달력, 부모가 없는 동안 해야 할 일들에 대한 그림이나 사진, 부모가 있는 곳을 보여 주는 사진, 부모의 메모 등 구체적인 것이면 됩니다. 시각 자료와 함께 엄마와 아빠의 말을 녹음한 음성 메시지를 주면 더 좋습니다.

조앤나 키팅-벨라스코

3 부모가 해외여행을 떠날 경우 세계지도를 걸어 놓습니다. 그런 다음 비행기, 버스, 자동차, 택시, 기차 등의 그림 카드를 사용해 부모가 이용하는 탈것과 방문하는 장소를 시각적으로 보여 줍니다. 아이의 능력에

따라, 탈것 그림 카드를 부모의 이동 경로를 따라 움직이며 보여 주거나 지도에 스티커를 붙여 가며 부모가 어디를 여행하는지 아이가 알 수 있도록 합니다. 지도 옆에 부모가 여행을 떠난 날과 여행을 끝내고 도착할 날을 표시할 수 있는 간단한 달력을 붙여 줍니다. 아이가 매일 저녁 날짜를 지워 며칠이 남았는지 확인할 수 있도록 합니다.

조앤나 키팅-벨라스코

4 브로슈어 형식으로 여행 일정표를 만들어 아이도 집에서 짧은 휴가를 보내는 것과 같이 해 주세요. 일정표에 수목원 가기, 볼링 치기, 바다 가기, 하이킹하기, 소풍 가기 등 재밌는 활동을 시각적으로 표현해서 아이도 휴가 중인 것처럼 느끼게 합니다. 아이가 자신의 여정을 확인할 때마다 부모님이 여행에서 돌아올 날이 얼마 안 남았음을 보여 줄 달력도 준비해 주세요.

조앤나 키팅-벨라스코

5 여행을 간 부모가 돌아올 날까지 학교 등교일이 얼마나 남았는지, 며칠 밤을 더 자야 하는지를 보여 주는 차트를 만듭니다. 사진 찍기를 좋아하는 아이라면 월요일, 화요일, 수요일에 학교 사진을 찍고 엄마가 집에 돌아올 예정인 목요일에 엄마 사진을 찍는 것으로 서운한 마음을 달랠 수도 있습니다.

테리사 카던

6 아이가 여행을 떠난 부모의 티셔츠나 베개를 가지고 잠들게 해 보세요. 아이에게 친숙한 물건과 냄새는 큰 위안이 될 수 있으니까요.

테리사 카던

7 여행을 떠날 계획이 있다면, 미리 책을 읽어 녹음한 오디오북을 만들어 보세요. 부모가 그리울 때마다 아이가 오디오북을 들을 수 있도록 말이죠.

테리사 카던

8 부모가 하는 여행의 일정표를 자세한 정보를 넣어 만드세요. 집에 머물고 있는 부모는 아이가 "아빠는 어디 있어?"라고 물으면 미리 만들어 둔 여행 일정표를 보여 주며 대화를 나눌 수 있답니다. 여행 일정표에 그림이나 사진을 넣으면 아이가 더 쉽게 이해할 수 있을 거예요.

미셸 포메로이

9 매일 아이와 전화 통화를 하는 것은 필수입니다. 아빠는 사진과 함께 문자를 보내거나 사진이나 동영상을 보낼 수 있을 거예요. 영상통화를 하면 더 좋겠지요. 가능한 모든 방법을 동원해 물리적 거리를 줄여 보세요.

신디 오델

10 부모가 자리를 비울 때는 되도록 일과에 변화를 주지 마세요. 부모가 자리를 비운 것만으로도 아이는 이미 충분히 혼란스럽습니다. 지금은 새로운 음식을 시도하거나 돌봄 선생님을 새로 구하거나 동물원에 갈 때가 아닙니다.

테리사 카던

집안일에
참여시키는 방법

1 식기를 어떻게 정리해야 하는지 부모님이 보여 준 뒤, 아이에게 해 보 게 하세요. 예를 들어 숟가락과 젓가락은 수저통에 넣고, 접시는 접시 대로, 밥그릇은 밥그릇대로 놓을 수 있도록 정리 방법을 보여 주세요.

민디 스몰

2 정원 가꾸기를 시도해 보세요. 원예 가게에 가서 정원에 심을 꽃이나 방울토마토 같은 채소를 아이가 직접 고르게 하세요. 아이가 할 수 있다면 직접 흙을 파고 꽃을 심으며 감각적 재미를 느끼게 하세요. 꽃에 물 주기 표를 만들어 계속 물을 주도록 해 보세요. 어떤 아이들은 꽃 가꾸기에 아주 진지하게 임하기도 해요. 멋진 정원과 좋아하는 채소가 자라는 모습 을 보는 것은 아이에게 큰 보상이 될 것입니다.

조앤나 키팅-벨라스코

3 물뿌리개에 물을 채우고 아이에게 화분에 물을 주게 하거나 정해 진 곳에 물을 주도록 안내하세요. 아이가 물 주기를 담당할 곳을 정 해 주세요. 아이의 이름을 적은 작은 표지판을 세워 두면 더 좋을 거예요.

조앤나 키팅-벨라스코

4 시각 자료를 붙일 아주 큰 '집안일 보드판'을 만들고 모든 아이들의 이름을 적은 표를 그려 두세요. 식탁 차리기, 강아지 밥 주기 등의 집안일과 엄마 아빠와 함께 책 읽기, 컴퓨터 게임 하기 등의 보상을 시각 자료로 만듭니다. 매일 다른 집안일을 맡게 하고, 그 일을 하면 보상을 주세요. 집안일 보드판을 통해 아이들 모두 자신의 책임이 무엇인지, 집안일을 하면 어떤 보상을 받을 수 있는지 알게 될 거예요.

신디 오델

5 아이에게 강아지 밥 주기를 시키고 싶다면, 순서도*를 만들어 아이에게 주세요. 강아지 밥그릇 위치가 눈에 잘 띄도록 바닥에 테이프나 마커로 표시하고, 사료를 얼마나 주어야 하는지 잘 알아볼 수 있도록 강아지 밥그릇에 펜으로 선을 그리거나 테이프를 붙여 표시해 둡니다.

민디 스몰

6 "방 청소를 해."는 아이가 알아들을 수 있는 말이 아니에요. "바닥에 있는 것을 모두 치워."도 마찬가지예요. 아이는 바닥에 있는 것들을 주워 모두 침대 위로 올려놓을 수 있기 때문이지요. 방 청소를 하기는 좀더 구체적으로 알려 줘야 합니다. 예를 들면, 바닥에 있는 옷들을 집어서 세탁 바구니에 넣기, 책을 책장에 꽂기, 접시를 싱크대 개수대에 가져다 놓기 등으로요. 방 청소의 목록을 스케줄표로 만들어 사용해도 좋아요. 스케줄표 항목을 하나하나 확인하는 것을 좋아하는 아이도 있으니까요.

크리스티 사카이

7 아이가 집안일을 하는 방법을 아는 것 같지만, 하고 싶어 하지 않을 경우에는 아이가 아주 좋아하는 보상을 주세요. 보상은 꼭 물건일

필요는 없습니다. 아이가 좋아하는 게임을 보상으로 할 수도 있지요. "얼른 방 청소를 하면, 네가 좋아하는 보드게임을 할 수 있단다."라고 말해 보세요. 그러면 아이가 얼마나 빨리 움직이는지 놀라게 될 겁니다!

크리스티 사카이

8 아침과 저녁, 가족들이 식사하기 전에 강아지에게 먹이를 주도록 합니다. 먼저-다음* 보드판을 사용하면 효과적입니다. 식사 전에 먼저 한 명은 강아지가 마실 물을 갈고, 한 명은 사료를 주게 합니다. 이렇게 하면 형제간의 우애도 키우고, 협동심과 책임감을 가르칠 수 있답니다.

조앤나 키팅-벨라스코

9 빨랫감을 바구니에 나누어 넣는 법을 가르쳐 보세요. 대개 흰색 계열 옷, 밝은색 옷, 검은색이나 어두운색 옷으로 나눠서 세탁하잖아요. 바구니 세 개를 마련해 각각 색을 표시한 뒤, 아이에게 빨랫감을 색에 맞춰 바구니에 넣게 하세요. 아이가 완벽하게 분류해서 넣지 못해도 됩니다. 부모님이 나중에 다시 정리하면 되니까요. '같은 색 맞추기'라는 개념을 빨리 이해하는 아이도 있지만, 당신의 아이는 느릴 수도 있어요. 그래도 그 시간 동안만큼은 아이와 좋은 시간을 보내고 있음을 잊지 마세요.

조앤나 키팅-벨라스코

10 접시, 포크, 나이프, 숟가락, 컵 그림이 있는 종이 테이블 매트를 코팅하세요. 이 테이블 매트에 그려진 그림이 식탁을 차리는 기준이 되도록 하세요. 가족 수에 맞춰 테이블 매트를 준비해 아이가 모든 사람을 위해 식탁을 차릴 수 있도록 하세요.

신디 오델

어린 시절에 친구들과 놀며 사회적 상호작용을 경험하는 것은
아이의 성장 발달에 매우 중요합니다. 자폐 스펙트럼 아이가
놀이나 사회적 상호작용을 성공적으로 하려면
외부의 지원이 필요합니다. 이 장에서 알려 주는 비법들은
아이가 또래 친구와 놀며 사회적 상호작용을 하는 것을
긍정적 경험으로 받아들이게 도와줄 것입니다.

친구를 사귈 수 있게
도와주세요

놀이를 할 수 있게 돕는 방법

1 아이가 또래들과 놀이를 하는 동안 어떤 행동을 많이 하는지 관찰하세요. 아이가 실질적으로 의미 있게 하는 놀이를 구별하고, 아이의 상호작용 스타일과 놀이 선호도를 파악하는 데 도움이 될 것입니다.

패멀라 울프버그

2 아이가 특정한 몇몇 또래들과 정기적으로 일관된 상황에서 놀 수 있는 자연스러운 기회를 만드세요. 가능하면 아이와 잘 어울리고 비슷한 놀이 관심사를 가진 사회성이 좋은 친구들을 선택하세요.

패멀라 울프버그

3 자폐 스펙트럼 아이들은 대개 구조화되고 정해진 일정을 잘 지킵니다. 형제자매와 놀이하는 시간을 특정한 시간에 고정해 주세요. 놀이를 하고 나면 재미있는 활동이나 보상이 따라오도록 해 주시고요. 예를 들어 놀이 시간이 3시부터면 4시에는 함께 앉아 텔레비전을 보면서 쿠키를 먹는 것이지요. 이렇게 형제자매와 하는 놀이 시간이 생활의 일부가 되도록 합니다. 놀이 시간에 대한 규칙이 있다면 시각 자료로 만들어 놓으세요.

크리스티 사카이

4 놀이 환경을 구조화시키세요. 가구, 선반 등으로 놀이 공간의 경계를 명확히 구분하고 제한하세요. 놀잇감들도 동물과 동물 우리, 자동차와 도로판 등으로 확실히 분류해 놓아야 합니다.

패멀라 울프버그

5 놀이 시간을 시작, 중간, 끝으로 명확하게 구조화하세요. 아이에게 구조화한 놀이 시간을 말이나 그림으로 설명해 줍니다. "먼저 우리는 자동차를 가지고 놀고, 다음으로 트램펄린을 타며, 마지막으로 간식을 먹을 거야."라고 말이죠.

패멀라 울프버그

6 일상 활동을 시각적 지원을 통합하여 놀이로 구조화해 보세요. 예를 들어 마트 놀이를 한다면 마트에서 물건을 사고 계산하는 단계를 설명하는 시각적 지원을 만드는 거예요. 또 마트 놀이에서 아이가 무슨 역할을 맡았는지 인지할 수 있도록 '계산원'이라고 적은 모자를 쓰거나 '슈퍼마켓'이라고 적은 앞치마를 두르게 하는 것이지요.

패멀라 울프버그

7 자폐 스펙트럼 아이가 다른 아이들과 함께 놀 경우에는 놀이에 참여하는 모두에게 동기부여가 되고 사회적 상호작용이 되는 놀이 활동을 하세요. 미술공예 활동이 대표적입니다. 예를 들면, 다 같이 동물 농장 꾸미기를 하는 거예요. 저마다 키우고 싶은 동물을 그리거나 만든 뒤, 결과물들을 모아서 함께 농장을 꾸미는 것이지요. 이 같은 활동은 참여하는 아이 모두에게 크게 동기를 부여하고 상호작용을 촉진합니다.

패멀라 울프버그

8 아이들이 효과적으로 놀 수 있도록 이끕니다. 먼저 아이들의 놀이가 시작될 때를 관찰했다가 필요한 경우에만 도움을 주며 아이들의 사회적 의사소통을 촉진시켜 줍니다. 아이들이 저마다 좋아하는 놀이를 고루 할 수 있게 하고, 아이들끼리 놀이 방법을 서로 알려 주게 해 보세요. 아이들은 좋아하는 놀이에 대해서만큼은 전문가일 때가 많으니까요. 예를 들어, 새로운 보드게임을 할 때 한 아이가 자기 차례를 진행하면서 그 게임을 하는 방법을 다른 아이에게 가르쳐 줄 수 있습니다.

패멀라 울프버그

9 아이들이 함께 협동해야 성공할 수 있는 놀이를 준비해 주세요. 처음 몇 번은 성공할 수 있도록 도움을 주세요. 그런 다음에는 아이들이 스스로 협력하도록 뒤로 물러나셔야 합니다.

테리사 카던

10 비장애 아이와 자폐 스펙트럼 아이가 차례를 번갈아 가며 놀이를 할 때, 자신의 차례가 언제인지 알게 하는 시각적 지원으로 차례 바꾸기 카드*를 준비합니다.

테리사 카던

친구 초대해 놀기

1 당신의 집을 다른 아이들이 자주 놀러 오고 싶게끔 흥미롭게 꾸미세요. 예를 들면 최신 유행 비디오게임을 준비해 놓는 것이지요. 간단히 손에 들고 먹을 수 있는 간식도 준비하고요. 무엇보다 놀이 시간을 체계적이고 구조화되게 짜서 그 누구도 기분 나쁘지 않고 즐거울 수 있게 하세요.

신디 오델

2 자폐 스펙트럼 아이가 관심 있어 하는 장난감이나 게임들을 사용해 놀이를 시작해 보세요.

민디 스몰

3 자폐 스펙트럼 아이가 어떤 활동을 할 때 꼭 필요한 것을 다른 아이가 갖고 있게 해 주세요. 예를 들어, 미술 활동 중에 또래 아이들 중 한 명만 풀을 가지고 있게 하는 거예요. 아이가 풀을 사용하려면 그 아이와 상호작용을 할 수밖에 없도록 말이에요.

민디 스몰

4 올바른 친구들을 선택하세요. 인내심이 있고 필요할 때는 어른에게 도움을 요청할 줄 아는 아이가 이상적인 놀이 상대입니다. 에너지는 많지만 당신의 아이에게 관심을 두지 않고 집 안을 뛰어다니는 아

이는 좋은 놀이 친구가 아니며 모든 사람에게 실망스러운 경험을 줄 수 있습니다.

테리사 카던

5 자폐 스펙트럼 아이는 일상이 구조화되어 있지만, 되도록 자연 친화적인 환경에서 놀 수 있는 시간을 따로 만드세요. 지속적으로 만날 수 있는 친구들을 찾아서 놀이에 포함시키고 놀이 시간 동안 해야 할 일을 명확히 하도록 합니다.

헤더 매크래컨

6 어른은 비켜 주세요! 어른이 도와줘야 할 것은 돕되 가능한 한 빨리 아이들 간의 사회적 상호작용에서 벗어나십시오. 당신은 아이의 또래 친구가 아닙니다!

헤더 매크래컨

7 자폐 스펙트럼 아이와 또래 친구들, 형제자매 간에 사회적 상호작용이 성공적으로 이뤄지기 위해서는 동기부여가 강하게 되는 놀잇감, 놀이 주제 및 대중문화 활동을 제공하는 것이 좋습니다.

헤더 매크래컨

8 친구를 초대해서 함께 보낼 시간에 대한 시각적인 스케줄표*를 만들고 거기에는 놀이 시간, 간식 시간, 외출 시간 및 약간의 휴식 시간이 포함되도록 하세요. 놀이를 긍정적으로 경험하게 하려면 약간은 구조화하는 것이 좋습니다.

테리사 카던

9 친구의 방문 시간은 길지 않게 하세요. 약속된 시간이 하루 종일일 필요는 없습니다. 특히 새로운 친구를 초대했다면 천천히 놀이를 시작하고 어떻게 진행되는지 지켜봐야 합니다. 처음에는 30분이면 충분할 수 있습니다. 짧은 놀이부터 시작되니까요.

테리사 카던

10 다른 자폐 스펙트럼 아이의 집에 초대를 받아 갈 때도 있을 거예요. 당신은 아이가 친구들과 놀도록 자리를 피해 주고 싶겠지만, 필요시에는 놀이에 개입할 수 있도록 주변에 있어야 합니다. 목표는 아이가 또래와 성공적인 사회적 상호작용을 하는 것이고, 때로는 어른이 개입해야 목표를 이룰 수 있습니다. 약속한 놀이 시간은 부모가 다른 일을 보기 위해 계획한 시간이 아님을 명심하세요.

테리사 카던

보드게임 하며
규칙과 승패 개념
이해하기

1 '캔디 랜드' 보드게임은 남녀노소 모두 할 수 있는 훌륭한 게임입니다. 보드게임의 기본이며, 승패 개념 이외에 차례 배우기, 색깔 맞추기 등을 할 수 있습니다. 물론 재미있고요!

조앤나 키팅-벨라스코

2 부모님이 일부러 게임에서 져서 짜증을 내는 모습을 아이에게 보이세요. 왜 그랬는지에 대해서는 나중에 이야기하고, 게임에서 졌을 때 어떻게 행동하는 것이 멋진 패자의 모습인지 대화를 나눠 보세요.

조앤 클라크

3 게임에 대해 모르는 척하고 아이와 놀이를 해 봅니다. 아이에게 게임을 하는 방법, 게임 순서 등을 알려 달라고 해 보세요. 게임 중간에는 잠시 시범을 보였다가 다시 아무것도 모르는 양 하는 것도 도움이 된답니다.

신디 오델

4 게임 속 게임으로 '멋지게 지는 게 이기는 것!' 게임을 해 보세요. 바둑판무늬로 4개나 9개 칸을 그린 게임판을 만들어 둡니다. 아이가 게임에서 졌지만 평정심을 잘 유지할 때마다 한 칸씩 표시하게 하고, 칸을 다 채우면 큰 보상을 주겠다고 약속하세요. 게임판의 칸을 다 채우는 동안 아이는 멋지게 지는 법을 배울 테고, 결국 '멋지게 지는 게 이기는 것!' 게임의 승자가 돼 큰 보상을 받을 거예요.

조앤 클라크

5 아이에게 항상 이길 수는 없다는 것을 가르치세요. 멋진 패자에 대한 맞춤형 이야기*와 역할극을 준비해 보세요. 그러면 다른 친구가 이기더라도 신경 쓰지 않게 될 것입니다.

신디 오델

6 아이에게 보드게임을 할 준비를 해 보라고 하세요. 새로운 게임일 경우, 게임을 준비하는 과정이 매우 재미있으며 지시 따르기와 협력하기를 배울 기회가 됩니다.

신디 오델

7 크리스마스 직후는 보드게임을 사 놓기에 아주 좋은 때입니다. 할인을 많이 하니까요. 때로는 유명하지 않은 게임이 아이한테는 최애 게임이 될 수도 있으니 다양하게 많이 사 놓으세요.

신디 오델

8 게임의 원래 규칙은 잠시 접어 두세요. 그 대신 아이들에게 적합한 규칙을 만들어 봅니다. 아이들이 서로 상호작용을 하고 재미있어

한다면 부모님은 이미 게임을 하는 목적을 달성한 것이니까요.

신디 오델

9 아이에게 본보기가 될 만한 멋진 패자의 동영상을 보여 주세요. 스포츠 경기에는 항상 패자가 있으니, 긍정적인 사례를 선택하세요! 가족, 친구, 반 친구 등이 게임을 하고 멋지게 패하는 모습을 보여 주는 동영상을 찍을 수도 있습니다.

테리사 카던

10 아이가 멋진 패배를 이해하기 어려워한다면 승자와 패자 모두에게 상을 주세요. 게임에 져도 상을 받기 때문에 승패에 연연하지 않을 수 있습니다. 아이가 멋지게 질 수 있도록 천천히 노력하세요. 아이에게 말로 칭찬을 하며 상을 점점 작은 것으로 준다면 결국에는 상을 받지 않고도 게임에서 멋지게 지는 태도를 갖게 될 것입니다.

신디 오델

방과 후 활동 하기

1 아이가 새로운 방과 후 활동에 참여하는 것을 두려워하지 마세요. 축구팀에서 뛰지 못한다고 해서 볼링팀에서도 안 되는 것은 아닙니다. 아이에게 맞는 활동을 언젠가는 찾을 수 있을 거예요.

윌리스 A. 심프슨

2 유치원이나 학교에 이야기하여 글자나 숫자, 지도, 자동차, 비행기, 동물 등 아이의 관심사를 활용하는 모임을 만들어 보세요. 찾아보면 관심사가 같은 아이들이 꽤 많습니다. 모임의 활동이 모든 아이들에게 동기를 부여하고 재미를 주는지 확인하세요. 간식을 준비하면 아이들의 관심을 더 끌 수 있답니다.

테리사 카던

3 아이의 강점에 초점을 맞추고 또래 상호작용까지 통합하는 방과 후 활동 프로그램을 학교에 제안해 보세요. 당신이 교직원과 좋은 관계를 맺고 있다면, 프로그램을 만드는 일이 수월하고 학교의 지원을 받을 수도 있을 것입니다. 아이의 관심사를 활용해 아이가 강점을 발휘할 수 있는 활동 프로그램을 만드세요. 프로그램은 또래와 상호작용을 할 수 있게 짜셔야 합니다.

테리사 카던

4 학교 교직원과 협력하여 자폐 스펙트럼 아이와 비장애 아이들이 상호작용을 하며 우정을 쌓는 또래 지원망 프로그램*을 만드세요. 다양한 프로그램 자료를 가져가서 교직원과 함께 학교에 적합한 프로그램을 같이 결정하세요. 교직원은 여러분이 이 과정에 참여할 의향이 있다는 것을 알면, 일을 시작하는 것을 주저하지 않을 것입니다.

테리사 카던

5 걸스카우트와 보이스카우트는 또래 아이들과 사회적 상호작용을 하기에 좋습니다. 단체 생활을 통해 개인의 차이를 이해하고 수용하며 우정을 쌓도록 장려하기 때문이지요. 아이를 스카우트에 가입시켜 사회적 상호작용을 경험하게 하세요. 그리고 단체 지도자에게 자폐 스펙트럼 아이를 소개하는 편지* 등을 써 그들이 문제 상황에 대비할 수 있게 도와주세요.

테리사 카던

6 자폐 스펙트럼 아이들을 위한 체조 프로그램을 고려해 보세요. 체조를 하는 동안 받는 감각 자극들은 비교적 잘 조절돼요. 즉, 그런 자극들이 감각 시스템에 균형을 가져온다는 것이지요. 체조 프로그램의 코치가 경험이 있고 배려심이 있는지 확인하세요. 그룹의 규모가 작고 학생과 코치의 비율이 적절한지 살펴서 참여 여부를 결정하세요.

테리사 카던

7 스카우트 지도자, 코치 등의 협력자들에게 자폐 스펙트럼 아이를 소개하는 편지*를 전달해 아이에 대한 정보를 공유하세요. 편지는 미리 작성해 두는 것이 좋습니다. 또, 다른 부모들과 비장애 아이들에게 아이

의 장점과 특별한 점을 알려 줄 유인물을 만들 수도 있습니다.

미셸 포메로이

8 지역에 장애 아이를 위한 야구, 축구, 농구 팀이 있는지 알아보세요. 팀이 있다면 일단 들어가세요. 처음에는 경기장 구경만 하다가 올 수도 있습니다. 그다음 번에는 20분 정도 연습 구경을 하고요. 세 번째 때는 아이가 당신과 함께 5분 정도 연습에 참여할 수 있습니다. 이런 운동 연습은 아이가 하고 싶은 일이 아닐 수도 있습니다. 그래도 아이가 정말로 관심이 있는지 없는지 알기 위해 최소한의 시간은 두고 보아야 합니다.

조앤나 키팅-벨라스코

9 동물원, 박물관, 도서관 등에는 훌륭한 프로그램이 많습니다. 그중에서 소수의 아이를 대상으로 하고 잘 구조화되어 있는 프로그램을 선택하세요. 그런 다음 해당 기관에 연락하여 당신이 아이를 등록할 계획이며 이것이 지역사회의 다른 어린이나 청소년에게 자폐 스펙트럼에 대해 교육할 수 있는 특별한 기회가 될 거라고 설득하세요.

테리사 카던

10 아이가 대규모 그룹 활동에 참여할 준비가 되지 않았다면 다른 엄마와 오후에 서로 아이들을 돌봐 주는 것부터 시작해 보세요. 자신의 아이를 다른 아이들과 놀게 해 주고 싶어 하는 엄마를 찾으세요. 이때 당신은 추가적인 지원을 해야 할 수도 있습니다. 다른 엄마가 이런 교류를 괜찮다고 여기게 해야 하니까요. 아이가 다른 집에 익숙해지도록 격주로 집을 교환해 지낼 수도 있답니다.

테리사 카던

아이와 장을 보거나 볼일이 있어 나갈 때
아이의 행동이 조절되지 않을까 봐 걱정할 수 있습니다.
이번 장에서 소개하는 비법들은 외출 상황에서의 문제들을
해결하기 위한 전략들입니다. 이 전략들은 부모와 아이 모두
외출을 편안하고 즐겁게 할 수 있도록 도와줄 거예요.

불안하지 않게,
지루하지 않게

마트에서 장보기

1 처음 장을 볼 때에는 아주 짧은 시간 안에 끝내 주세요. 한 개 또는 두 개 정도만 사고 마트를 나와야 합니다.

신디 오델

2 아이가 마트에서 점심으로 먹을 것을 고르게 하세요. 선택하는 것이 어렵다면 두 가지 중 하나를 고르게 해 주세요. 두 개를 들고 "하나 골라." 하고 말하는 겁니다.

조앤나 키팅-벨라스코

3 아이와 함께 그림으로 된 장보기 목록을 만들어 마트에 갈 때 가져가세요. 아이가 가장 좋아하는 음식 그림도 포함시키되, 순서를 맨 뒤로 해 주세요. 그러면 아이는 자신이 가장 좋아하는 음식을 사려면 앞 순서 목록을 다 사야 한다는 것을 알게 되고, 함께 장을 볼 수 있게 됩니다.

에이미 빅슬러 코핀

4 주중에 아이가 집안일을 도와 용돈을 벌게 하세요. 그러고는 마트에 갈 때 아이에게 용돈이 든 지갑을 챙기라고 미리 말해 둡니다. 마트에서 계산할 때가 되었는데 뒤늦게 아이가 자신이 먹고 싶은 사탕을 사려고 한다면 지갑을 가져왔는지 물어보세요. 지갑을 가져오지 않았다면

사탕을 살 수 없습니다. 물론 이렇게까지 되려면 아주 조금씩 계속 노력을 해야 하겠지요.

조앤나 키팅-벨라스코

5 치즈, 우유 등 마트에서 살 식품 목록을 그림으로 만드세요. 마트의 코너들을 돌면서 아이에게 그림을 보여 주고, 진열대에서 식품을 고르게 하세요. 아이가 선택 과정에 있을 때 부모님은 끼어들지 마세요. 한 번쯤 다른 브랜드의 치즈를 산다고 누가 뭐라 하지 않을 테니까요.

조앤나 키팅-벨라스코

6 부모님 혼자서 마트에 방문해 매장의 코너 배치 순서에 따라 자주 구입하는 물건을 조사하고 목록표를 만드세요. 마트에 가기 전 이 목록표를 사용해 코너별로 사야 할 물건을 미리 표시해 둡니다. 그러면 깜빡 잊고 사지 않은 물건을 찾아 다시 그 코너로 돌아갈 필요가 없을 거예요. 일부 자폐 스펙트럼 아이들은 지나왔던 곳으로 다시 되돌아가는 것을 매우 힘들어해요. 코너별로 물건 목록을 정리해 놓으면 아이와 씨름할 필요가 없게 됩니다.

조앤나 키팅-벨라스코

7 아이가 오랫동안 장보기를 할 수 있다면 마트에서 해야 할 임무를 줘 보세요. 예를 들어 카트에 물건을 넣게 하거나 특정한 물건을 찾도록 말이죠. 마지막에는 항상 수고에 대한 보상을 주세요. 보상이 꼭 마트에서 산 음식일 필요는 없습니다! 좋아하는 텔레비전 프로그램을 30분 정도 보는 것도 보상이 될 수 있답니다.

신디 오델

8 마트 계산대는 혼잡하고 오랫동안 기다려야 할 때가 많습니다. 이를 피해서 하루 중 가장 여유 있는 시간대에 장을 보세요.

신디 오델

9 다른 형제자매 없이 자폐 스펙트럼 아이하고만 장을 보세요. 이렇게 하면 당신은 아이에게 100퍼센트 집중할 수 있고, 아이는 장보기를 기분 좋은 경험으로 받아들이게 됩니다.

신디 오델

10 아이가 장보기를 할 때에 조금이라도 덜 지루할 수 있는 방법을 찾으세요. 안전하다면 아이가 상점에서 찾기 놀이를 할 수도 있어요. 예를 들어 부모님이 장을 보는 동안 앞뒤를 왔다 갔다 하면서 초록색이 가장 많이 보이는 것 찾기, 특정한 글자가 쓰인 물건 찾기 등을 할 수 있어요. 아이가 글씨를 쓰거나 그림 그리는 것을 좋아한다면 종이 한 장을 주고 아이가 마트에서 본 것을 기록해 보라고 해 보세요.

테리사 카던

치과 가기

1 전문적인 장애인 치과나 자폐 스펙트럼 아이 치료 경험이 많은 의사를 찾으세요. 자폐 스펙트럼 아이 부모 모임 등에서 추천을 받아 보세요. 아이에 대해 굳이 말하지 않아도 의사가 잘 알고 있을 테니까요.

조앤나 키팅-벨라스코

2 예약 시 치료할 때 패드랩으로 몸을 감싸 움직이지 못하게 할 것인지 물어보세요. 어떤 방법으로 아이를 진정시키고 치료를 하는지 알아보고 아이에게 맞는 방법을 선택하세요.

조앤나 키팅-벨라스코

3 방문 전에 전화해서 아이가 치과 치료를 어느 정도 견딜 수 있는지에 대한 정보를 의사와 공유하세요. 또 치과 방문 시 치료를 어떻게 할 것인지 미리 정보를 얻도록 합니다.

질 허드슨

4 대기하는 동안, 아이가 차분하게 기다릴 수 있게 만들어 주세요. 좋아하는 음악을 들을 수 있는 헤드폰, 마음을 진정시켜 주는 물건, 영상을 볼 수 있는 핸드폰, 휴대용 게임기, 손가락 장난을 할 수 있는 장난감 등을 가져가세요. 아이가 긴장하지 않고 불안하지 않아야 치과 치료를

잘 받을 수 있으니까요.

질 허드슨

5 예약을 하기 전에 치과에서 사용하는 소형 엑스레이 필름 샘플을 받을 수 있는지 물어보세요. 치과에 가기 전에 집에서 엑스레이 필름과 거울을 보며 아이가 입안의 모양과 느낌에 익숙해지도록 연습시킵니다.

테리사 카던

6 아이가 치과 치료를 받는 동안에 헤드폰을 쓰고 마음을 진정시킬 수 있는 음악을 듣게 해 주세요. 옆 칸에서 나는 드릴 소리에도 예민하게 반응할 테니까요.

테리사 카던

7 방문 전에 치과에 가는 영상도 보고 이야기책도 읽어 보세요. 치과 의사 선생님이 쓰는 치경, 칫솔, 라텍스 장갑 등을 구해서 아이가 직접 만져 보게 하는 것도 좋습니다. 단, 라텍스 장갑은 아이에게 라텍스 알레르기가 있는지 확인 후 주세요. 치과용품에 익숙해지면 불안이나 공포가 줄어들 수 있어요.

테리사 카던

8 치과 치료를 하지 않더라도 그냥 치과에 방문해 보세요. 아이가 치과에서 나는 소리와 냄새, 대기실과 진료실의 모습에 익숙해지도록요. 이런 목적만으로 치과를 방문해도 좋은지 미리 전화해 물어보세요. 안 된다면 다른 치과를 찾아보시고요.

테리사 카던

9 아이가 치과에 갈 때에 일어날 수 있는 일들에 대한 맞춤형 이야기* 책을 만들어 보세요. 치과 의사 선생님, 치위생사, 접수대의 간호사들, 치과 의자, 엑스레이 기계 등을 사진 찍어 활용하세요. 이야기의 끝은 치과 진료가 끝나고 아이가 부모님이나 치과 의사로부터 보상을 받는 것으로 마무리해야 한다는 것을 잊지 마세요.

테리사 카던

10 태블릿피시가 있다면 치과 치료로부터 아이의 주의를 돌릴 수 있을 거예요. 아이가 좋아하는 프로그램을 틀어 주세요. 치과에 영화를 볼 수 있는 스크린이 있다면 아이가 좋아하는 영상을 틀어 달라고 요청해 보세요. 아이가 좋아하는 영화나 프로그램을 저장해서 가지고 다니면 아주 큰 도움이 된답니다.

신디 오델

일반 병원에서

1 병원에 갔을 때 부모님이 혼자 아이를 돌보기 힘들어 도움이 필요하다면 의사에게 미리 알려 주세요. 차트에 자폐 스펙트럼이 기록되어 있다 해서 병원에 있는 의료진들이 자폐 스펙트럼 아이의 특성에 대해 다 알고, 문제를 예상할 수는 없으니까요. 환자가 많지 않은 이른 아침이나 늦은 오후 시간대에 예약하는 것이 좋습니다. 그때는 병원 직원들이 바쁘지 않아서 아이에게 더 많은 관심을 기울여 줄 수 있답니다.

헌터 마나스코

2 병원 예약 시 아이에게 필요한 것들이나 아이가 견딜 수 있는 것들에 대한 정보를 공유하세요. 또 미리 병원에서 아이가 받을 치료 과정에 대한 정보를 얻어 아이를 대비시키도록 하세요.

질 허드슨

3 아이가 차분하게 있을 수 있는 환경을 만들어 주세요. 아이가 불안하지 않고 마음이 편안해야 병원 진료를 잘 받을 수 있으니까요.

질 허드슨

4 의사나 다른 의료 전문가들은 대개 라텍스 장갑을 끼고 흰색 가운을 입고 있지요. 아이와 같이 놀 때 부모님이 라텍스 장갑을 끼고

흰색 가운을 입어 보세요. 아이가 병원 진료 시 만나야 할 사람들의 모습과 분위기에 익숙해질 수 있어요.

줄리안 힐록

5 병원놀이 장난감을 구입해 집에서 의사 놀이를 해 보세요. 그리고 병원에 갈 때 병원놀이 장난감을 가져가세요. 아이가 실제 병원에서 병원놀이를 하며 자신이 부모님을 비롯해 다른 사람들을 치료하는 의사가 되어 보게 해 주세요. 대부분의 의사들은 이런 상황을 이해하고 아이와 놀이하는 것을 기쁘게 생각할 것입니다.

신디 오델

6 의사에게 아이와 좋은 관계를 만들 수 있는 강화물을 알려 주고 사용하게 하세요. 먼저 다른 형제자매가 병원에 갈 때에 함께 데려가세요. 의사가 다른 형제자매를 진찰하면서 자폐 스펙트럼 아이에게 조용히 강화물을 건네주게 하세요. 이후 병원에 방문할 때마다 의사가 아이에게 말을 걸거나 머리를 쓰다듬기, 하이 파이브 하기 등 가벼운 신체 접촉을 하도록 해 주세요. 그러고는 아이에게 강화물을 주는 것이지요. 이렇게 하면 아이가 의사와 익숙해져서 아플 때에 의사를 믿고 안심하며 진료를 받게 될 것입니다.

신디 오델

7 아이가 호흡기 치료기 같은 특수 장비를 이용해야 하는 상태라면, 집에서 치료를 시작해 보세요. 집에서 그 치료에 익숙해지면 나중에 병원을 방문해도 덜 무서울 테니까요.

신디 오델

8 건강검진을 위해 다른 형제자매들도 데려가야 한다면, 비장애 형
제자매부터 먼저 검진받게 하세요. 아이에게 따라 할 수 있는 역할
모델이 생겨 좋답니다.

멀리사 밴 훅

9 진료 예약을 할 때, 다른 환자보다 진료 시간이 조금 더 필요하다
고 분명히 말하고 이유를 설명하세요. 병원 직원이 그에 맞는 시간
대로 일정을 잡아 줄 것입니다. 예를 들면, 그날의 첫 번째나 마지막 순서,
점심 전후 시간으로요.

신디 오델

10 병원에서 일어날 일들을 시각적 스케줄표*로 만들어 주세요.
대기실에서 기다리기, 체중계에 올라서기, 체온 측정하기, 검
사실에서 기다리기, 의사가 와서 귀와 목을 들여다보고 가슴 청진하기 등을
포함하세요. 아이가 각 단계를 밟을 때마다 스케줄표에 표시를 하고 싶을
수 있으니 펜이나 마커를 가져가세요. 스케줄표의 마지막에는 보상도 포
함시키세요. 아이가 병원 진료를 잘 받아야 하는 목표가 있어야 하니까요.

테리사 카던

병원 대기실에서

1 기다리는 시간은 아이를 불안하게 만듭니다. 하지만 앞으로 일어날 일에 대해 안다면 불안이 다소 줄어들 거예요. 순서도*를 만들어 아이에게 일어날 일들의 순서를 알려 주세요. 가능하다면 잘 기다렸을 때 받는 보상도 포함해 주세요. 자주 있는 일은 미리 준비해 가면 되지만, 한 번만 있는 일은 그 자리에서 즉석으로 만들 수도 있습니다. 병원에서 일어날 일에 대한 순서도는 창구에서 접수하기, 간호사가 아이의 이름을 부르기, 간호사의 안내로 몸무게를 재고 체온이나 맥박을 측정하기 위해 방으로 이동하기, 의사 선생님 만나기, 진료 받기, 손을 흔들며 인사를 하고 나오기, 아이스크림 가게에 가기가 될 것입니다. 아이스크림은 아이가 잘한 행동에 대한 보상이지요.

크리스티 사카이

2 모든 상황을 대비해서 필요한 것들을 항상 준비하세요. 물병, 대기 시간에만 사용할 휴대용 게임기나 태블릿피시, 시각화에 도움이 되는 자료나 체크리스트를 만들 수 있는 펜과 종이, 간식, 음악을 듣는 헤드폰, 귀마개, 아이가 너무 불안해할 때 머리를 가리거나 덮을 작은 담요, 아이가 좋아하는 그래놀라바, 단백질바, 육포, 말린 과일, 사과 칩 같은 건강 간식 등이 될 것입니다.

크리스티 사카이

3 대기실은 대개 조용하고 정적입니다. 이런 조건에서 할 수 있는 것들을 가져가세요. 읽을 책이나 색칠 공부, 보드게임, 음악을 듣는 헤드폰 등을 준비하는 거예요. 아이가 특정한 때에만 할 수 있는 활동을 정해 놓으세요. 모든 활동을 모든 순간에 적용할 필요는 없답니다.

질 허드슨

4 협상할 수 있는 것과 없는 것을 구분해서 설명해 주세요. 예를 들어 "지금 우리는 대기실에 앉아 있어. 기다릴 때 할 수 있는 것들 중에서 하고 싶은 것을 고를 수 있단다."라고요.

질 허드슨

5 기다리는 동안 아이가 꼼짝도 않고 앉아 있을 거라고 기대하지 마세요. 아이들은 몸을 움직여야 덜 불안하답니다. 아이가 다른 사람들에게 너무 가까이 가거나 불편하게 하지 않는 이상, 아이가 원을 그리며 걸어도, 몸을 구부렸다 폈다 흔들흔들 움직이며 걸어도 그냥 두세요. 이렇게 해서 아이의 기분이 좋아진다면 다른 사람들의 시선을 신경 쓰지 마세요.

크리스티 사카이

6 카운트다운*을 하면서 대기 시간이 조금씩 줄어드는 것을 알려 줍니다. 카운트다운이 끝나 0이 되면, 다음번에는 가장 처음 세는 숫자를 하나 줄여 시작합니다. 꼭 1분마다 숫자를 하나씩 카운트다운을 할 필요는 없습니다. 접수대 간호사에게 대기 시간을 주기적으로 물어보며 확인해 주세요. 앞으로 남은 시간에 맞춰 카운트다운을 할 숫자를 조절해야 하니까요.

질 허드슨

7 아이에게 치료가 아프지 않을 거라고 거짓말하지 마세요. 아이에게 사실대로 말하세요. 그리고 왜 이런 치료를 받아야 하는지, 치료 후에는 어떤 보상을 받을 수 있는지 알려 주세요. 순간을 모면하기 위해 거짓말을 한다면, 아이가 다음에 부모님을 믿지 않을 거예요. 앞으로 계속 의사 선생님을 만나야 하기 때문에 거짓말은 장기적으로 일을 더 어렵게 만들 뿐입니다.

크리스티 사카이

8 아이가 어떤 치료를 어떤 순서로 받고, 청진기, 혈압 측정기 등 어떤 장비가 이용될지 시각 자료로 설명해 주세요. 그러고 나서 어떤 단계가 어렵고 어떤 단계가 가장 쉬워 보이는지 이야기를 나눠 보세요.

질 허드슨

9 아이와 역할놀이를 해 보세요. 진료를 받을 때에 어떤 역할을 맡을지 미리 정해서 해 보는 거예요. 이렇게 하면 아이가 정말 꼼짝도 안하고 가만히 앉아 있을 수 있어요. 대기 시간 동안 아이가 역할놀이를 하며 잘 기다리면 칭찬해 주세요. 아이는 실제로 의사 선생님에게 진료를 받는 동안에도 그렇게 할 수 있게 됩니다.

질 허드슨

10 아이가 대기실에서 기다리는 것을 너무 힘들어하면 접수대 간호사에게 밖에 나가 있을 테니 불러 달라고 하세요. 그러면 간호사가 진료 때가 되면 연락을 할 거예요. 의사 선생님도 아이가 스트레스를 받은 상태보다 편안한 상태일 때 진료하는 게 나으니까요.

테리사 카던

미용실 가기

1 아이에게 머리 자르기는 어려운 것일 수 있어요. 전기이발기의 윙윙거리는 소리, 머리를 만지는 미용사의 손길, 머리카락이 잡아당겨지고 잘리는 느낌 등이 싫기 때문이에요. 머리를 자르는 사진을 미리 많이 보여 줘 마음의 준비를 시킨 뒤, 실제로 머리를 자를 때에는 게임처럼 아이가 좋아하는 활동을 하게 해서 주의를 돌려 주세요. 자주 휴식을 갖게 해 주면 머리 자르기가 더 수월해집니다.

스티븐 쇼어

2 미용실에 가기 몇 주 전부터 전기이발기가 주는 시각 자극과 청각 자극에 대한 노출을 천천히 늘려 아이가 자극에 둔감해지도록 만들어 주세요. 예를 들어, 아이가 좋아하는 장난감을 가지고 노는 동안이나 간식을 먹는 동안 아이 시야에서 좀 먼 곳에 전기이발기를 두어 노출시키세요. 아이가 참을 만하다면 전기이발기를 조금씩 가깝게 놓아두고 마지막에는 아이가 있는 방으로 가져다 두세요. 전기이발기가 켜져 있는 동안에도 아이가 그 주변에 있으면 이제 촉각 자극을 늘려 보세요. 처음에는 부드러운 솔에서 빗으로 마지막에는 전기이발기로 아이의 머리카락을 스쳐 보세요. 단, 아이가 참을 수 있는 정도로만 해야 합니다. 아이가 스트레스를 받는 것처럼 보인다면, 이전 단계로 돌아가 반복해서 시도해 보세요.

줄리안 힐록

3 다른 부모들에게 물어보아 자폐 스펙트럼 아이를 잘 다루는 헤어 스타일리스트를 찾아보세요. 미용실에 가면 일어날 일들에 대한 순서도[*]를 만들어 두세요. 기다리기, 헤어 스타일리스트와 인사하기, 머리 감기, 머리 자르기, 드라이어로 머리 말리기, 비용 지불하기, 보상 받기 등 아이에게 필요한 정도만큼만 만들면 됩니다. 헤어 스타일리스트에게 감사의 표시로 선물을 주거나 팁을 주면, 다음 방문 때 헤어 스타일리스트가 보다 친절하게 대해 줄 수도 있겠지요.

조앤나 키팅-벨라스코

4 머리 자르기가 마무리되면 다른 헤어 스타일리스트가 머리를 말려 줄 수 있습니다.

레나타 어빙

5 헤어 스타일리스트에게 미용 가운을 아이에게 거꾸로 둘러 달라고 요청하세요. 트인 쪽을 앞으로 해 팔은 자유롭지만 몸은 가려져 있게요. 아이에게는 '배트맨과 똑같은 망토'라고 말해 주세요.

레나타 어빙

6 헤어 스타일리스트에게 당신이 아이와 약속한 수만큼 카운트다운[*]을 하기로 했으니 무슨 일이 있어도 숫자가 1이 되면 머리 자르기를 멈춰 달라고 부탁하세요. 그러면 헤어 스타일리스트가 앞머리, 옆머리, 뒷머리 등 우선적으로 잘라야 하는 부분부터 먼저 작업할 거예요. 시간이 있으면 최종 스타일링도 할 수 있습니다. 아이가 미용 가운을 두르기 전에 이 모든 것에 대해 말하고 카운트다운을 시작해 주세요.

레나타 어빙

7 아이가 미용 도구를 만져 볼 수 있게 해 주세요. 또 헤어 스타일리스트가 쓰는 가위를 부모님의 팔에 대어 보이면서 가위는 안전한 도구이며 다치지 않으니 안심하라고 말해 주세요.

레나타 어빙

8 잘려진 머리카락이 몸에 닿아서 불편함을 느낄 수 있습니다. 이발 후 갈아입을 티셔츠를 가져가고, 집에 돌아오면 바로 씻게 하세요.

레나타 어빙

9 머리카락을 자르기 전에 두피 마사지를 해 주세요. 그러면 이발을 하면서 느끼는 자극에 대해 마음의 준비를 할 수 있고 긴장도 풀 수 있습니다.

제니 클라크 브랙

10 아이의 시선이 향하는 곳에 가능한 한 물건이 없게 해 주세요. 눈앞에 헤어 스타일리스트들이 쓰는 물품들이 많으면 그것에 압도되어 무서움을 느낄 수 있습니다. 고대기, 드라이어, 스타일링 제품들이 보이지 않는 자리에 앉게 해 달라고 요청해 보세요. 아이가 느낄 수 있는 과도한 자극을 줄이기 위해서 말입니다.

테리사 카던

동네 나들이하기

1 부모님이 볼일을 보러 외출을 해야 하는데 아이가 나가지 않으려고 한다면, 아이가 좋아하는 특별한 것을 가져가도록 허락해 주세요. 이렇게 하면 아이는 자신이 외출할 때 특별한 대접을 받는다고 여겨 잘 따라나설 거예요.

제니퍼 프란센

2 **도서관** 아이의 도서관 카드를 발급받으세요. 주간 일정에 '도서관 가기'를 넣고 지속적으로 방문하세요. 도서관이 붐비기 전인 아침 일찍 방문하는 것이 좋습니다. 책을 쉽게 반납할 수 있도록 매주 같은 권수를 대출하고, 집에 도서관에서 빌린 책만 따로 보관할 수 있는 책장을 마련해 두세요.

조앤나 키팅-벨라스코

3 도서관 사서와 친하게 지내면서 당신의 아이에 대해 이야기를 해 두세요. 사서가 자폐 스펙트럼 아이의 어려움을 이해한다면 아이가 쉴 곳을 마련해 줄 것입니다. 사서는 아이가 책을 대출하지 않아도 자료실이 아닌 열람실이나 도서관 내부 다른 곳에서 책을 읽는 것을 허락해 줄 수도 있어요.

조앤나 키팅-벨라스코

4 도서관에서 지켜야 할 규칙을 적고 그림을 그려서 단서 카드*를 만드세요. 도서관에 가기 전에 규칙을 여러 번 읽어 주세요. 도서관에 있는 동안 아이에게 규칙을 상기시키기 위해 조용히 단서 카드를 보여 주세요.

에이미 빅슬러 코핀

5 **스포츠센터** 아이가 체조, 수영, 태권도 같은 운동을 좋아하지만 여러 아이들과 함께 배우는 데 어려움이 있다면 개인 레슨부터 시작하세요. 가끔씩 다른 아이가 참여하도록 하되 두 명이 넘지 않도록 하세요. 가격은 조금 비싸고, 아이가 또래와 상호작용을 할 수는 없겠지만, 신체적인 자극은 훨씬 더 많이 받을 수 있습니다. 신체 활동을 즐기는 법도 배울 것이고요. 무엇보다 아이가 재미를 느끼는 것이 중요하답니다.

에이미 미센식

6 **쇼핑몰** 쇼핑몰에 가기 전에 들를 상점의 목록을 정하고, 그 상점들의 로고나 간판, 입구 사진을 사용해 보물찾기 표를 만드세요. 아이가 쇼핑몰에 가서 보물찾기 하듯 재밌게 상점을 찾게 하는 것입니다. 그러면 당신과 쇼핑몰을 돌아다니는 동안 아이의 주의가 흐트러지지 않을 거예요. 아이가 좋아하는 간식을 파는 곳을 마지막 상점으로 하면 보물찾기에 대한 보상이 될 겁니다.

조앤나 키팅-벨라스코

7 카페, 아이스크림 가게 또는 스무디 가게에 간다면 미리 메뉴를 찾아 아이가 먹고 싶은 것을 고르게 하세요. 그런 다음 그것을 사는 데 필요한 금액을 계산해 보도록 하세요. 가게에 가서 아이가 직접 주문하고

돈을 지불하도록 시켜 보세요. 자주 연습해야 익숙해진답니다.

미셸 포메로이

8 동물원이나 박물관 등은 처음 가거나 이미 몇 번 가 봤더라도 웹사이트에서 미리 보기를 많이 해 두세요. 웹사이트에 게시된 사진이나 동영상을 통해 동물원이나 박물관 풍경과 전시물을 눈에 익혀 주는 거예요. 그러면 아이는 자신이 예측 가능한 곳에 가므로 심리적 거부감을 덜 갖게 되고, 원하는 것을 본다는 기대감을 갖게 될 것입니다.

폴라 클루스

9 **박물관** 박물관을 방문하기 전에 온라인이나 책으로 박물관 전시물과 관련된 내용을 미리 살펴보세요. 아이가 박물관에 가서 볼 전시물들의 사진을 넣어 보물찾기 표를 만듭니다. 각 전시물들을 찾아본 뒤 표시할 칸도 만들고요. 아이가 보물찾기를 해야 하는 순서대로 박물관을 관람하면 안정적으로 이동할 수 있습니다. 보물찾기의 마지막은 역시 박물관 기념품 가게일 거예요. 아이가 보물찾기를 다 했다면 자신이 원하는 것을 하나 고를 수 있도록 보상해 주세요.

조앤나 키팅-벨라스코

10 아이가 잠시 쉴 만한 곳이 어디에 있는지 미리 파악해 두세요. 식당, 도서관, 수영장 등에 갔을 때는 구석이나 출구 근처에 앉으세요. 아이가 과부하가 된 것처럼 보이면 휴식을 취하게 하세요. 화장실에 가거나 복도로 나오거나 아예 다른 곳으로 가서 아이가 쉴 수 있도록 도와주세요.

신디 오델

외출 상황에서 불안, 긴장, 스트레스를 줄여 주는 방법

1 **반짝이 막대기** 반짝이 막대기를 사용해 보세요. 반짝이들이 한쪽에 가라앉도록 한 다음 막대기를 똑바로 드세요. 아이에게 반짝이에 집중하라고 말하세요. 그런 다음 크게 심호흡을 하고 막대기를 향해 바람을 불어 보게 합니다. 그와 동시에 당신은 막대기를 거꾸로 뒤집으세요. 반짝이들은 중력으로 인해 자연스럽게 위에서 아래로 가라앉지만 아이는 자신이 바람을 불어서 반짝이들이 아래로 떨어진다고 여길 거예요. 아이가 반짝이들이 천천히 가라앉는 모습을 지켜보게 하고 이 과정을 다시 반복해 보세요. 아이는 심호흡을 크게 하는 데 주의를 집중하기 때문에 불안이 줄어들고 몸이 이완될 것입니다.

질 허드슨

2 **비눗방울 불기** 비눗방울 불기 활동은 여러 면에서 효과가 있습니다. 아이가 비눗방울을 불며 심호흡을 하는 동안 자연스럽게 몸이 이완됩니다. 동동 떠다니는 비눗방울을 터뜨리려고 주의 집중을 하게 되고요. 비눗방울 터뜨리기가 아이에게 너무 쉽다면, 비눗방울 봉으로 비눗방울을

잡아 보게 하세요. 비눗방울이 나타났다 사라지는 것은 의사, 간호사 등이 오고 가는 것과 비슷하다고 할 수 있습니다. 아이는 병원에서 의료진들이 계속 왔다 갔다 하는 것을 비눗방울과 연결시킬 수 있어요. 이 활동은 치료실이나 수술실 등에 엄마 아빠 없이 아이가 혼자 들어가더라도 비눗방울처럼 다시 엄마 아빠를 만날 것임을 알게 해 줄 것입니다.

질 허드슨

3 숨은그림찾기 책 아이가 참기 어려운 검사나 치료를 받아야 할 때는 숨은그림찾기 책을 이용해 보세요. 아이가 책을 보며 숨은 그림을 찾게 하세요. 아이가 찾은 숨은 그림을 직접 표시할 수 없는 경우에는 그 옆에 무엇이 있는지 설명해 달라고 하여 부모님이 대신 표시해 주세요.

질 허드슨

4 "알아맞혀 봐!" 게임 물건이나 사람을 설명해 주고 알아맞히게 하는 놀이를 해 보세요. 단, 한 번에 단서 하나씩만 말할 수 있습니다. 아이가 모든 단서를 조합하여 정답을 맞히게 하세요. 다음번에는 아이가 문제를 내게 하고, 부모님이 알아맞혀 보세요.

질 허드슨

5 안락한 자세 취하기 아이가 안락한 자세로 있게 해 주세요. 아이가 어떤 자세로 있는지, 어떻게 안겨 있는지에 따라 진료 또는 치료에 큰 차이가 생길 수 있습니다. 예를 들어, 치과 진료를 받을 때 당신의 무릎에 아이를 앉히고, 아이의 아래팔을 편안하게 감싸 안아 주세요. 아이가 당신에게 기대어 긴장을 풀고 안심하게 해 주세요.

질 허드슨

6 **주의 돌리기** 주사를 맞힐 때 아이의 손이나 어깨를 간단히 마사지해 주거나 핸드폰이나 태블릿피시로 부드러운 음악이나 좋아하는 영상을 틀어 주세요. 아이의 주의를 돌려 아이를 진정시킬 수 있습니다. 언어 놀이는 주사를 잘 맞도록 하는 가장 대표적인 방법입니다. 주사를 맞은 뒤 어떤 재미있는 일을 할까 생각해서 말하는 놀이이지요. 아이에게 그게 무엇인지 큰 소리로 말하게 하고, 그 일을 하면 얼마나 재미있을지 생각하게 하세요. 고기능 자폐 스펙트럼 아이인 경우 잠시 주의를 분산시켜 통증을 덜 느끼게 도와줄 수 있습니다.

헌터 마나스코

7 **향기 주머니** 니트 장갑이나 냄새가 통하는 천으로 된 주머니에 재스민 쌀 같은 향미를 넣어 향기 주머니를 만드세요. 그룹 활동을 할 때 차례를 기다리다가 각성 상태가 낮아졌다면 재스민 쌀에 박하나 귤, 레몬 향을 넣으세요. 상큼한 향기 자극이 각성을 올려 줄 것입니다. 마음의 진정이 필요한 아이를 위해서는 라벤더를 넣을 수 있습니다. 필요한 목적에 따라 주머니 색을 구분해 두면 좋습니다. 주의 환기가 필요할 때는 빨간색이나 주황색, 마음을 차분하게 해야 할 때는 파란색이나 녹색의 향기 주머니를 사용하는 것입니다. 위생을 위해 향기 주머니는 비닐봉지에 넣어 밀봉하고, 라벨을 붙여 보관해 주세요. 아이의 주의를 환기해야 할 때는 향기 주머니를 차갑게 하고, 진정시켜야 할 때는 실온에서 보관한 주머니를 사용하거나 전자레인지에 돌려 약간 따뜻한 상태로 사용하세요.

글렌다 퍼지

8 **보상** 자폐 스펙트럼 아이들은 보상이 있어야 확실히 더 잘합니다. 아이에게 강화물이 되는 것을 선생님, 의사, 헤어 스타일리스트 등

에게 제공해서 그들이 직접 아이에게 주도록 하세요. 보상은 아이에게 주는 뇌물이 아닙니다. 아이가 스트레스 대신 보상받을 상황을 생각한다면, 병원이나 미용실을 방문할 때에 조금 더 편해질 것입니다.

신디 오델

9 스무고개 놀이 식당이나 병원 등에서 기다리는 것이 지루하다면 스무고개 놀이를 합니다. 아이가 좋아하는 것들에 대해 스무 가지 질문을 하고 답을 맞히게 하는 것이지요. 문제는 디즈니 영화나 아이가 좋아하는 것들에 대한 것이면 좋습니다.

리사 키건

10 피짓 토이 손장난을 할 수 있는 피짓 토이를 가지고 다니세요. 피짓 토이는 손을 꼼지락거리면서 가지고 놀 수 있는 장난감으로 아이의 심심한 손을 달래 줄 수 있습니다. 피짓 토이를 다양하게 사서 가방에 가지고 다니거나 자동차에 보관하세요. 아이가 줄을 서서 기다리는 동안 안절부절못하거나 주의를 돌릴 어떤 것이 필요할 때 피짓 토이를 꺼내세요. 생명의 은인이 될 수도 있답니다.

테리사 카던

가족 여행은 가족이 함께 편안하고 즐거운 시간을 보내며
관계를 더욱 친밀하게 만드는 기회가 됩니다. 가족생활을 하는 데
유익한 점이 많지만 자폐 스펙트럼 아이와 여행을 가는 것은
쉽지 않습니다. 일상이 바뀌면 아이가 힘들어하고,
그러면 주변 사람들도 힘들어질 테니까요. 이 장에서는
그럼에도 불구하고 가족 여행을 가능하게 하는 비법뿐만 아니라
여행을 더 재미있게 만드는 방법을 알려 줄 것입니다!

가족 여행,
지레 포기하지 마세요

여행 준비하기

1 현지인들에게 방문하기 좋은 장소를 물어보세요. 의외로 좋으면서도 조용한 곳을 찾을 수 있어요. 어디인지는 중요하지 않아요. 아이는 어디에 갔는지가 아니라 가족과 함께 무엇을 했는지를 기억하니까요.

조앤나 키팅-벨라스코

2 온라인으로 자폐와 관련한 블로그, 카페, SNS 등을 방문하여 아이와 여행을 갈 만한 장소를 추천받아 보세요. 자폐와 관련된 지원이나 물품, 정보를 제공하는 곳이 많이 있답니다.

조앤나 키팅-벨라스코

3 집 뒷마당에서 캠핑을 해 보세요. 텐트를 치고 침낭도 사용하고요. 문제가 생기면 곧장 집으로 들어가 침대에서 자면 되니까 부담이 없을 거예요. 별문제 없다면 다음에는 지역에 있는 캠핑장을 이용해 보세요. 거기서 즐거운 경험을 했다면 계속해서 조금 더 멀리 캠핑을 떠날 수 있을 거예요.

조앤나 키팅-벨라스코

4 아이가 여행에 대해 불안해하면 아이가 좋아하는 물건들을 가져갈 가방을 챙기세요. 여행을 다니다 힘든 상황에 놓이게 될 때 가방

속에서 좋아하는 물건을 찾아 마음을 진정시킬 수 있어요.

제이미 블런트

5 여행에 필요한 모든 준비물에 대한 체크리스트를 그림이나 사진을 이용해 만드세요. 아이가 특별히 가져가고 싶은 물건을 추가할 빈칸을 남겨 두시고요. 속옷, 셔츠 등 개수가 많이 필요한 준비물일 경우, 옆에 숫자를 적을 칸도 마련하세요. 아이가 체크리스트를 보며 물건을 챙길 수 있다면 아이에게 여행 준비물 챙기기를 맡기세요. 만약 아이 혼자 하기 어렵다면, 부모님이 물건을 챙기고 아이가 체크리스트를 확인합니다. 이런 방법으로 아이를 계속 참여시키세요. 만약 빠뜨린 것이 있다면 부모님이 알려 줘서 챙기게 하면 됩니다.

조앤나 키팅-벨라스코

6 여행용 세면도구 가방을 따로 준비해 놓으세요. 그러면 여행을 갈 때마다 집에 있는 세면용품들을 뒤지지 않아도 되니 편리해요. 빠뜨리고 가는 일도 생기지 않을 거고요.

조앤나 키팅-벨라스코

7 미리미리 계획하세요! 주간 또는 월간 달력을 사용하여 아이에게 언제 여행을 가는지 미리 알려 주세요. 그러면 아이가 마음의 준비를 할 수 있어요.

민디 스몰

8 휴지로 날짜 세기를 해 보세요. 휴가 날까지 얼마나 남았는지, 휴가로부터 언제 돌아오는지 알 수 있도록 남은 날수만큼 화장실 휴

지를 한 칸씩 떼어서 벽에 붙이세요. 매일 같은 시간에 하나씩 떼며 아이에게 남은 날을 확인시켜 줍니다.

민디 스몰

9 가능하다면 여행 갈 곳의 사진이나 브로슈어를 준비해 아이가 여행지가 어떻게 생겼는지 미리 보고 마음의 준비를 할 수 있도록 도와주세요.

민디 스몰

10 하이킹을 하거나 해변가를 산책할 때 가지고 다닐 자연 탐구 책을 만들어 보세요. 먼저 가격이 저렴한 작은 사진첩을 하나 준비하세요. 표지에는 아이 이름을 넣어 '○○의 자연 탐구 책'이라고 제목을 쓰세요. 각 쪽에는 하이킹 중 발견할 수 있는 바위, 꽃, 벌, 새, 다람쥐, 나무, 덤불, 폭포 등의 그림이나 사진을 넣습니다. 산책을 하다가 자연 탐구 책에 있는 것들을 발견하면 핸드폰으로 사진을 찍습니다. 나중에 자연 탐구 책에 추가해 넣을 수 있도록 말이죠. 아이 이름을 딴 '○○의 자연 탐구 책'으로 여행을 더 재미있게 할 수 있고, 여행 후에는 기념품으로 간직할 수 있습니다.

조앤나 키팅-벨라스코

친척 집에 가기

1 아이와 함께 만나게 될 친척들의 사진을 보며 친척에 대해 자주 이야기해 줍니다. 친척의 집, 자동차, 반려동물 사진뿐만 아니라 아이가 묵게 될 친척 집의 방 사진까지 가능한 한 많은 사진들을 보여 줍니다. 친척 집에 도착했을 때 놀라지 않도록 말이에요.

신디 오델

2 우리 집에서 아이가 좋아하는 물건이나 장소를 사진 찍어 여행 중에 볼 수 있도록 작은 책을 만들어 보세요. 집에 있는 것을 본다는 것만으로도 아이의 마음이 편해질 수 있어요.

신디 오델

3 아이가 먹을 수 있는 음식을 포장해 가세요. 친척 집에 없을 수도 있으니까요. 친척들에게 아이의 특별한 식단이나 선호하는 음식에 대해 미리 알려 주셔도 좋습니다. 그래야 친척들이 음식을 따로 가져온 것에 대해 오해하거나 마음 상하지 않을 수 있으니까요.

신디 오델

4 친척 집에 가기 전에 친척들과 아이에 대해 미리 정보를 충분히 공유하세요. 아이를 위한 특별한 식단, 안전에 대한 주의 사항, 아이

가 자주 하는 행동, 일정한 일과 유지의 필요성 등에 대해 되새겨 주세요. 친척들은 자폐 스펙트럼 아이와 지낸다는 것이 어떤 것인지 알지 못해요. 반드시 사전에 아이에 대한 정보를 공유해야만 모두가 긍정적 경험을 할 수 있답니다.

테리사 카던

5 아이가 좋아하는 담요, 베개, 장난감 등을 가져가세요. 낯선 장소에서도 자기만의 것을 갖게 해 주는 거예요. 그러면 아이의 마음이 한결 안정됩니다.

테리사 카던

6 친척 집에 가서 할 수 있는 활동들을 미리 계획해 주세요. 그리고 달력에 표시하여 아이가 매일매일의 일정을 기대하게 해 줍니다.

테리사 카던

7 다른 사람의 집에 머무르는 것이 어떤 것인지 미리 아이와 함께 연습하고 역할극을 해 보세요. 다른 집에서 식사할 때 지켜야 하는 규칙, 아이가 먹고 싶지 않은 것이 있을 때 적절하게 거절하는 방법, 들어갈 수 있는 방과 없는 방, 다른 사람의 서랍과 캐비닛을 뒤져서는 안 된다는 규칙 등에 대해 이야기를 나누세요. 설명하지 않아도 아이가 이런 규칙들을 알 거라 예단하지 마세요. 아이에게 명확하고 단호하게 말해야 합니다.

테리사 카던

8 가능하다면 친척 집의 한 곳을 정해 과잉 자극 관리를 위한 안전지대로 사용해 보세요. 아이가 대가족 모임의 어수선함과 시끄러움

에서 벗어나 잠시 쉴 공간이 있는 것이 모두를 위해 좋습니다.

테리사 카던

9 친척 집에서는 아이가 늘 해 왔던 일과를 유지할 수 없을 거예요. 친척 집에서 보낼 일과를 새로 정해 보세요. 외출 시간, 식사 시간, 자유 시간, 비디오 시청 시간 등 일정을 정하고 시각 자료로 만들어 아이와 공유합니다. 그리고 최대한 일과를 지키기 위해 노력하세요. 정해진 일과가 있는 것이 없는 것보다 훨씬 나으니까요.

테리사 카던

10 사람들은 짧은 시간에도 모습이 많이 변합니다. 머리 색이나 헤어스타일이 바뀌어서 아이에게 낯설 수 있어요. 한동안 보지 못한 친척이라면 최근에 찍은 사진을 보내 달라고 부탁하세요. 아이가 미리 사진을 보아 두면 마음이 편안해질 수 있어요.

신디 오델

비행기 타기

1 거의 진짜처럼 보이는 '가짜 여권'을 만들어 아이가 공항에서 호텔까지 가는 단계를 가짜 여권을 통해 확인하고 파악할 수 있게 해 주세요. 수하물 찾는 곳, 탑승 수속대, 승무원, 조종사, 셔틀버스 운전사, 택시 운전사, 호텔 프런트, 호텔 안내 직원 등 여행하면서 꼭 거치는 곳이나 만날 사람들을 차례로 적고 도장이나 확인 사인을 받을 자리를 마련해 두세요. 실제 여행을 갈 때, 아이가 만나는 사람들에게 자신의 가짜 여권을 건네게 하세요. 이때 부모님은 얼른 그 사람들에게 조용히 상황을 설명해 주세요. 그리고 지금 아이가 가짜 여권에 '여행 도장 찍기'를 하고 있으니, 확인 사인을 해 주거나 도장을 찍어 달라고 부탁해 보세요. 이 가짜 여권 또한 재미있는 기념품이 될 거예요.

조앤나 키팅-벨라스코

2 책, 단어 찾기 게임, 장난감, 감각 도구 등 10개 정도의 물건을 선물 상자에 담아 정성껏 포장하세요. 비행기 안에서 아이에게 포장한 선물 상자를 하나씩 건넵니다. 상자 속 장난감이 새것일 필요는 없어요. 장난감이 선물처럼 포장되어 있다는 것 자체가 재미있으니까요. 포장 풀기 놀이를 하다 보면 비행시간이 금세 지나갈 것이고, 방금 포장을 뜯은 장난감으로 새로운 놀이를 할 수도 있을 것입니다. 비록 잠깐 동안일지라도 말이죠!

조앤나 키팅-벨라스코

3 아이가 공항에서 무엇을 할지 기대하도록 아이만을 위한 맞춤형 이야기* 책을 만들어 보세요. 사진이 들어가면 더 좋겠지요. 주차하는 곳, 보안 검색대, 수하물 찾는 곳, 비행기 좌석, 화장실, 그리고 공항에서 만날 사람들이 빠지지 않도록 해 주세요. 이렇게 만든 책은 여행 전에 자주 읽고 여행 중에도 볼 수 있게 가져가세요.

신디 오델

4 비행기에서 할 수 있는 휴대용 게임기를 가져가세요. 비행시간이 훨씬 편안할 거예요.

홀리 레이크래프트

5 시각 자료를 통해 의사소통하는 아이의 경우, 승무원에게 사용할 선택판*을 만들어 주세요. 아이가 선택판으로 승무원과 의사소통하여 음료나 간식을 고르거나 요청하게 합니다.

민디 스몰

6 태블릿피시를 가져가서 아이에게 영화를 보여 주세요. 배터리가 다닳을 때를 대비해 다른 것도 준비해 가야 합니다.

조앤나 키팅-벨라스코

7 수행력이 좋은 아이의 경우, 비행기 좌석에 꽂혀 있는 항공사 잡지를 이용해 찾기 놀이를 해 보세요. 부모님이 먼저 보고 아이가 찾을 만한 것을 20가지 정도 목록으로 정리해 보세요. 아이에게 이 목록을 주고 얼마나 빨리 찾을 수 있는지 도전해 보게 합니다.

조앤나 키팅-벨라스코

8 비행기 화장실은 많이 시끄럽고 흔들림이 큽니다. 비행기에서 아이가 화장실에 가야 할 때에는 꼭 동행해 주세요. 아이가 볼일을 마치면, 아이 먼저 화장실에서 나가게 하고 변기 물을 내려 주세요. 소리가 아주 크고 요란하니까요. 그리고 비행기가 이착륙하는 동안에는 화장실을 사용할 수 없다는 것을 잊지 마세요. 이때는 반드시 모두 착석해야 하기 때문이지요. 승무원들이 매우 엄격하게 통제하니 주의하세요.

신디 오델

9 폼티커처럼 컬러폼을 채워 만든 입체 그림 스티커나 붙였다 뗄 수 있는 매직 스티커를 준비하세요. 스티커를 비행기 창문에 붙였다 떼었다 하며 조용히 놀 수 있답니다.

테리사 카던

10 여행 전에 아이가 여행 가방을 장식하게 해 주세요. 수화물 찾는 곳에서 기다리는 동안 아이는 자신이 여행 가방에 붙여 놓았던 특별한 장식을 다시 본다는 기대감을 가질 것입니다. 그 가방이 점점 다가오는 것을 보는 것은 기다림에 대한 보상이 될 수 있습니다.

신디 오델

장거리 자동차 타기

1 출발지부터 도착지까지의 경로 지도를 다운로드하세요. 이걸 아이에게 주면 아이가 지도를 따라가며 길잡이 역할을 할 수도 있답니다.

조시 산토마우로

2 아이가 자동차 안에 오래도록 있어야 하는 장거리 여행을 준비할 때는 시각적 스케줄표*와 유사한 수준으로 명확히 계획하세요. 그리고 아이에게 얼마나 오랫동안 차에 앉아 있어야 하는지, 차 안에서 할 수 있는 일과 없는 일은 무엇인지, 차에서 내린 뒤에는 어떤 것을 할 수 있는지 등에 대해서 미리 알려 주세요.

테리사 카던

3 시각적 체크리스트를 사용합니다. 표에 자동차를 타고 지나갈 특별한 장소들의 사진을 넣고 그곳을 지나가면 체크하는 형식으로 만들면 됩니다.

카리 던 부론

4 차를 타는 동안 시간과 거리 감각을 길러 줄 수도 있습니다. 아이의 학교까지의 주행거리가 1이라면, 여행을 가는 곳까지는 그 몇 배인지 확인하여 주행거리 차트를 만드세요. 학교까지의 주행거리보다 100배

멀다면 100칸 눈금을 그리면 됩니다. 아이가 지도와 주행거리 차트를 보면서 5 혹은 10이 되는 거리가 될 때마다 표시하게 해 주세요.

카리 던 부론

5 목소리 조절이 잘 안 되는 아이라면 목소리 크기에 대한 5점 척도*를 만듭니다. 여행을 떠나기 전에 아이와 함께 목소리 크기 척도에 대해 이야기를 나누세요. 목소리가 너무 커지면 목소리 척도의 숫자를 말해서 목소리 크기를 조절하게 할 수 있답니다. 예를 들면, "목소리를 3으로 낮춰 주세요." 또는 "밤이에요. 이제는 2번 목소리 시간입니다." 하고 말해서 아이에게 목소리를 조절하도록 합니다.

카리 던 부론

6 '스티커 다섯 개 붙이기' 놀이를 하면 아이가 차 안에서 얼마나 시간을 더 보내야 하는지 알 수 있어요. 아이가 좋아하는 모양의 스티커 다섯 개를 준비하고, 칸이 여섯 개 있는 스티커 판을 준비하세요. 다섯 칸은 스티커를 붙이는 곳이고, 마지막 칸은 여행 목적지의 사진이나 그림을 붙이는 곳으로 하세요. 출발하기 전, 아이에게 "오늘은 스티커 다섯 개만큼 운전을 할 거야."라고 이야기해 줍니다. 그러고는 스티커 다섯 개와 스티커 판을 줍니다. 자동차를 타고 가는 동안 특정한 지점에서 스티커를 붙이게 하고 얼마나 남았는지 말해 주세요. 예를 들어 "앞으로 스티커 네 개를 더 붙이면 할머니 댁에 도착할 거야."처럼 말이죠. 부모님이 재량껏 시간을 조절해 빨리 혹은 느리게 스티커를 붙이게 할 수 있으니, 가까운 곳에 가는 여행을 할 때 훈련해서 멀리 가는 여행에 적용해 보세요. 비행기 여행에도 사용할 수 있답니다.

카리 던 부론

7 여행 중에 아이가 좋아하는 휴대용 게임기, 태블릿피시, 책을 가져가게 하세요. 시간이 금세 지나갈 수 있답니다.

에이미 빅슬러 코핀

8 차창 밖을 보면서 동물이나 자동차처럼 셀 수 있는 것을 찾아 세어 보며 수를 적게 하세요. 아이가 찾아 세어 본 것이 무엇인지 사진 찍어 스크랩북으로 만들면 아이가 훗날 스크랩북을 보며 그 자동차 여행을 기억할 수도 있답니다.

베키 본호프트

9 중간중간 차에서 내려 몸을 마음대로 움직일 수 있는 휴식 시간을 갖습니다. 얼마에 한 번 휴식 시간을 가질지 아이에게 미리 알려 줍니다. 이때에도 시각적 지원을 활용하면 효과가 큽니다. 예를 들어 5분마다 스티커를 붙일 수 있는 표를 만드는 거예요. 표에 스티커 다섯 개를 붙이면 휴식 시간을 가질 수 있게요. 타이머*를 사용할 수도 있어요. 타이머 사용 전, 아이가 타이머를 작동하는 방법이나 남은 시간을 보는 법을 알고 있는지 확인하셔야 합니다. 휴식 시간에는 아이가 좋아하는 활동을 하게 해 주세요.

테리사 카던

10 아이가 차를 타고 가면서 찾을 수 있는 것들을 목록표로 만들어 보세요. 빨간색 차, 녹색 표지판, 캠핑카, 트럭 등을요. 목록표를 코팅하여 아이가 볼 때마다 표시하게 해 주세요. 그러면 아이는 차를 타는 것 자체가 아닌 다른 것에 집중하게 될 것입니다.

테리사 카던

호텔에서 자려면

1 집에서 쓰는 아이의 담요와 베개를 가져가세요. 호텔에 있는 것보다 집에서 쓰던 것을 사용하면 아이가 더 편안해하니까요.

조앤나 키팅-벨라스코

2 호텔 방을 되도록 1층으로 예약하세요. 그래야 아이들이 침대에서 마음껏 뛸 수 있으니까요! 뛰는 걸 제한해야 한다면, 타이머*를 설정해 놓으세요.

조앤나 키팅-벨라스코

3 호텔에 가기 전 며칠 동안 아이에게 에어 매트리스에서 자 보도록 하세요. 그런 다음 호텔에 에어 매트리스와 펌프, 시트 및 베개를 가져가세요. 아이는 익숙해진 에어 매트리스에서 편하게 잠을 잘 거예요.

에이미 미센식

4 호텔 프런트 직원이나 안내원에게 그 지역에서 아이와 가 볼 만한 좋은 곳이 있는지 물어보세요. 크고 유명하지 않지만 지역 사람들만 아는 좋은 곳이 있을 수 있답니다. 대형 워터파크보다 그 지역의 물놀이장에 있는 물 미끄럼틀이 아이들에게 훨씬 더 재미있을 수도 있어요.

조앤나 키팅-벨라스코

5 아이가 수영을 좋아한다면 미리 호텔에 전화해서 수영장이 있는지, 언제 개장하는지 확인하세요.

조앤나 키팅-벨라스코

6 아이를 위해서라면, 호텔 방에 있는 침대나 탁자 등의 위치를 바꾸는 것을 주저하지 마세요.

민디 스몰

7 집에서 콘센트 커버, 휴대용 방문 안전 잠금장치 등을 가져가세요. 당신이 가까이 있어도 아이는 위험한 상황에 놓일 수 있으니까요.

테리사 카던

8 호텔에서 일어날 수 있는 일에 대해 맞춤형 이야기* 책을 만들어 보여 주세요. 그러면 아이는 호텔에 익숙한 느낌을 가질 거예요. 온라인으로 가상 투어를 제공하는 호텔도 있으니 활용해 보세요.

테리사 카던

9 아이가 빠르게 뛰어다니는 경우가 많다면, 야외 복도가 아닌 실내로 문이 열리는 호텔방을 구하세요.

테리사 카던

10 복도로 이어지는 호텔 문에 종을 걸어 두면 낮이든 밤이든 문이 열리고 닫히는 소리를 들을 수 있습니다. 그러면 아이가 부모님 없이 나가는 걸 막을 수 있습니다.

테리사 카던

놀이공원에 가기

1 놀이공원에 가기 전에 의사로부터 소견서를 받으세요. 소견서에는 아이의 진단명과 아이가 이로 인해 놀이공원에서 어떻게 힘들지에 대한 소견이 적혀 있어야 합니다. 다음은 의사 소견서의 예입니다.

> 놀이공원 관계자에게
>
> 제 환자(아이 이름)는 아스퍼거증후군, 즉 자폐 스펙트럼 장애입니다. 이 장애는 놀이공원에 갔을 때 사람들 사이에서 줄을 서고 기다리기가 극도로 어렵습니다. 양해해 주시면 대단히 감사하겠습니다.

미국 디즈니랜드의 경우, 소견서를 제시하면 최대 6명까지 게스트 지원 카드를 받을 수 있습니다. 이 카드를 사용하면 줄을 설 필요 없이 놀이 기구 및 시설을 빠르게 이용할 수 있지요. 또한 디즈니랜드에는 미리 예약한 사람들이 이용할 수 있는 '패스트 패스'라는 제도가 있어요. 덕분에 줄을 서지 않고 빨리 시설을 이용한다고 해도 눈에 띄지 않을 거예요.

미셸 워커

2 사람들이 붐비지 않는 평일에 가도록 하세요. 미리 놀이공원에 전화해서 특별한 도움이 필요한 아이가 있는데 가장 덜 붐비는 시간에 방문하고 싶다고 말해 보세요. 놀이공원 관계자들이 친절하게 알려 줄

거예요.

테리사 카던

3 주차장에서 놀이공원 입구까지 걸어가면 피곤할 수 있습니다. 되도록 놀이공원 입구에서 먼저 부모님 한 분과 아이가 차에서 내리고, 다른 분이 주차하도록 합니다. 놀이공원에서의 하루가 시작되기도 전에 아이가 거대한 주차장을 돌아 놀이공원 입구까지 걸어가느라 지치지 않도록 말이죠.

테리사 카던

4 식당은 장애 아이를 배려하는 제도가 적용되지 않는 곳입니다. 음식 대기 줄은 1시간이 넘을 수 있으므로 사람들이 몰리기 전인 오전 11시에 음식을 사 놓거나 일찍 점심을 먹도록 합니다.

미셸 워커

5 테마 파크의 지도를 미리 구해서 시각 자료로 사용할 그림 카드를 만드세요. 이렇게 하면 부모님은 하루를 계획할 수 있고, 아이는 테마 파크에서 무엇을 할지 미리 알게 될 것입니다.

조앤나 키팅-벨라스코

6 놀이공원에 있는 놀이 기구들에 대해 미리 조사하세요. 아이의 키를 재서 키 제한으로 타지 못하는 놀이 기구는 제외합니다. 온라인으로 놀이 기구 이미지를 검색해서 아이에게 보여 주세요. 시각적으로 많이 노출시켜 아이가 놀이 시설에 익숙해지도록 하는 거예요.

미셸 워커

7 놀이공원 문을 열기 전에 충분한 시간 여유를 두고 주차장에 도착하세요. 이렇게 하면 놀이공원 개장 시간에 맞춰 차분하게 들어갈 수 있습니다. 화장실도 미리 다녀오고요. 그래야 비교적 평온한 시작을 할 수 있습니다. 줄이 없는 놀이 기구도 찾을 수 있고요.

조앤나 키팅-벨라스코

8 유모차 대여를 고려해 보세요. 아이가 나이를 먹었더라도 유모차를 타고 싶을 수 있답니다. 아이가 타지 않더라도 유모차는 쓸모가 있어요. 물건을 싣고 다닐 수 있으니까요.

미셸 워커

9 롯데월드는 '어트랙션 우선 입장 제도'를 통해 빠르게 어트랙션을 이용할 있습니다. 방문 시 '복지 카드'를 지참하고, 각 어트랙션의 매직패스 쪽 근무자에게 보여 주세요. 중증, 경증과 상관없이 사용 가능하며 우선 대기 순서에 따라 입장할 수 있습니다. 해당 어트랙션 근무자가 탑승 가능 여부 확인 후 안내하기 때문에 대기 줄에서 기다려야 하며 어트랙션마다 대기 시간이 상이할 수 있습니다. 우선 입장 제도를 이용할 때는 반드시 동반자 한 명과 함께 탑승해야 하는데, 반드시 장애인을 도와줄 수 있는 성인이어야 합니다. 기타 자세한 사항은 롯데월드 어드벤처 홈페이지에 있는 장애인 편의 제도를 참조하거나 전화로 문의하세요.

옮긴이

10 에버랜드는 오랜 시간 줄 서기 어려운 장애인들을 위해 '장애인 탑승 예약제'를 시행하고 있습니다. '장애인 탑승 예약제'는 어트랙션 대기 장소에서 줄을 서서 기다리지 않고, 식당이나 휴게 공간

등 다른 장소에서 편안히 기다리다가 예약 시간에 맞춰 탑승할 수 있는 제도예요. 장애인 탑승 예약제가 적용되는 카드를 받기 위해서는 '복지 카드'를 지참하여 에버랜드에 입장한 뒤, '손님상담센터'에 방문해야 합니다. 장애의 정도가 중증일 경우 탑승 예약 카드를 즉시 발행해 주지만, 경증일 경우에는 탑승 예약 카드의 대상이 아닙니다. 하지만 장애로 인해 오랜 시간 대기가 힘든 경우에는 상담을 통해 탑승 예약 카드를 발행해 주기도 합니다. 탑승 예약 카드는 장애인 본인과 동반 세 명까지 발급해 줍니다. 기타 자세한 사항은 에버랜드의 홈페이지 내의 '장애인 탑승 예약 제도 시행 안내'를 참조하거나 에버랜드 손님상담센터로 문의하세요.

옮긴이

명절, 기념일, 축제일은 물론 가족 행사일은
자폐 스펙트럼 아이가 있는 가족에게 매우 힘든 시간입니다.
하지만 이런 특별한 날들은 가족의 화합을 위해서
꼭 필요하므로 피하지 마세요. 일상에 변화가 있는
특별한 날을 대비하고, 궁극적으로 특별한 날들을
즐기고 기대할 수 있도록 아이를 훈련시키세요.

아이도 함께
특별한 날을
즐길 수 있게

생일

1 생일의 개념은 아이에게 좀 어려워요. 아이가 한 살 더 먹게 된 것을 이해할 수 있도록 친구들과 선생님에게 도움을 청해 보세요. 아이의 티셔츠에 유성 매직으로 앞에는 "여러분, 난 다섯 살이에요!"라고 쓰고, 뒤에는 "오늘은 내 생일!"이라고 적으세요. 아이는 하루 종일 친구들과 선생님으로부터 "생일 축하해!", "와! 이제 다섯 살이구나!"라는 말을 들을 거예요. 그럼 생일이 나이를 한 살 더 먹게 되는 날이며 축하를 받는 날임을 이해하겠지요.

에이미 미센식

2 아이가 원하는 대로 파티를 준비하세요. 감각 자극이 너무 많지 않도록 준비하셔야 합니다. 떠들썩한 생일 파티를 만들어 주고 싶다면 휴식할 공간, 감각 놀이 테이블, 조용한 곳, 다양한 종류의 음식 등을 준비하셔야 할 거예요.

조앤나 키팅-벨라스코

3 간단하게 준비하세요! 손님도 게임도 음식도 모두 간단하게요. 아이가 어리다면 아직 생일이 무엇인지 모를 수 있으니 더 간단하게 해 주세요.

테리사 카던

4 아이가 요즘 관심을 보이는 것을 파티의 주제로 잡으세요. 아이가 불도저를 좋아한다면 건설 현장에 가서 불도저를 보고, 현장 감독이 허락한다면 불도저 운전기사에게 아이를 태워 달라고 부탁해 보세요. 고래를 좋아한다면 고래 관찰 여행을 떠나고, 디즈니 공주를 좋아한다면 백설 공주 옷을 입고 파티 날 집에 방문해 줄 연기자를 고용해 보세요.

조앤나 키팅-벨라스코

5 아이가 특별히 흥미를 가지는 것을 파티의 주제로 삼으세요. 이렇게 하면 아이가 파티에 참여할 동기를 줘 모든 게임과 활동에 잘 참여할 것입니다.

테리사 카던

6 아이가 식이 조절로 케이크를 먹을 수 없다면 케이크 대신 먹을 디저트를 준비해 주세요. 그날은 아이에게 특별한 날이니까요.

테리사 카던

7 아이의 생일 전에 컵케이크를 만들어 가족과 함께 생일 축하 노래를 부르고 촛불 끄는 연습을 해 보세요.

신디 오델

8 생일 파티는 소규모로 시작하세요. 직계가족과 한두 명의 아이들만 초대하세요. 단순한 보드게임, 안대로 눈 가리고 술래잡기 등 간단한 게임을 해 보세요. 파티 동안 아이를 많이 도와줘 짧지만 행복한 파티로 만들어 주세요.

신디 오델

9 아이가 선물을 풀어 보는 데 익숙해지도록 포장된 상자를 여는 연습을 시키세요. 선물을 받으면 "감사합니다."라고 말하도록 가르치고요.

신디 오델

10 시끌벅적할 거라고 예상되는 생일 파티 초대는 거절하세요. 참석한다면 아이가 함께 축하 노래만 부르고 선물을 전달한 뒤 일찍 나오는 것을 고려하세요. 이렇게라도 해야 아이가 생일에 대한 개념을 계속 배울 수 있답니다.

신디 오델

명절 가족 모임 저녁 식사

혼란스럽고 정신없는 명절이라도 구조화할 방법을 찾아보세요. 아이에게 일을 맡겨 주세요. 예를 들면 손님이 도착했을 때 아이에게 장소 안내 카드를 나눠 주게 하는 겁니다. 아이는 자기가 맡은 일을 해내기 위해 집중할 것입니다.

스티븐 쇼어

전통은 가족이 만드는 것입니다! 자폐 스펙트럼 아이는 시끄러운 모임 자리에 계속 앉아 있기 어렵습니다. 자극에 계속 노출되기 때문입니다. 아이가 조용한 시간에 사람들을 번갈아 만날 수 있게 계획을 세워 보세요. 시끄러운 모임에 꼭 가야 한다면, 아이가 가끔씩 자리를 떠나 조용한 곳에 있다가 돌아오게 하세요. 명절이라는 이유로 아이에게 평소보다 많은 것을 기대하지 마세요.

조앤나 키팅-벨라스코

아이가 좋아하는 아이 돌보미가 있다면 명절 저녁에 부르세요. 가족 어른들이 식사하는 동안, 아이 돌보미에게 아이들을 돌봐 달라고 하세요. 아이들은 아이 돌보미와 즐거운 시간을 보내다가 어른들이 식사를 마친 뒤 식사를 하게 하세요. 그러면 아이 돌보미를 포함해 아이의 식사를 도와줄 어른들이 더 많아져 일이 수월하고, 모두가 즐겁게 명절 저녁 식사를 즐길 수 있습니다.

조앤나 키팅-벨라스코

4 아이가 좋아하는 음식을 준비하세요. 먼저-다음* 카드를 사용하여 먼저 명절 음식을 먹은 다음 아이가 좋아하는 음식을 먹게 하세요. 그러면 아이는 자신이 좋아하는 음식을 먹기 위해서는 명절 음식을 먼저 먹어야 한다는 걸 알게 됩니다.

조앤나 키팅-벨라스코

5 아이의 접시에 아이가 좋아하는 음식을 포함해서 다른 음식도 종류별로 모두 조금씩 담으세요. 아이가 어떤 음식을 먹는지 살펴보세요. 만약에 아이가 극도로 싫어하는 음식이 있으면 치워 주세요. 아이에게도 그날은 명절날이니까요!

조앤나 키팅-벨라스코

6 자폐 스펙트럼 아이보다 나이가 있는 친척 형제자매들에게 동생을 돌봐 달라고 하세요. 친척 형제자매들이 많으면 서로 돌아가며 잠깐씩만 아이를 돌보면 되므로 크게 싫어하지 않을 거예요. 다른 방에 별도의 어린이용 테이블을 설치하고, 자폐 스펙트럼 아이와 친척 형제자매들이 같이 놀 수 있는 장난감을 마련해 주세요. 친척 형제자매들이 좋아하는 장난감이 있다면 챙겨 놓으시고요. 이렇게 하면 당신도 마음을 놓고 친척들과 명절 저녁 식사를 즐길 수 있답니다.

조앤나 키팅-벨라스코

7 아이가 특별한 명절날의 저녁 식사라는 것을 시각적으로 이해할 수 있도록 준비하세요. 명절에 입는 특별한 옷을 입고, 명절과 어울리는 문양이나 캐릭터 그림이 있는 접시를 사용할 수도 있습니다. 아이가 이날 식사가 평소와 다른 특별한 것임을 알 수 있으면 됩니다.

조앤나 키팅-벨라스코

8 여럿이 모이는 명절의 저녁 식사와 파티 분위기 때문에 아이는 감각 과부하가 될 수 있습니다. 아이를 위해 휴식 카드*를 준비하세요. 아이와 함께 미리 카드를 사용하는 연습을 하고 아이가 휴식을 취할 수 있는 조용한 장소를 마련하세요.

조앤나 키팅-벨라스코

9 아이가 좋아하는 이야기 주제나 좋아하는 영화, 가족이 공유하는 추억 등이 적힌 쪽지들을 큰 바구니에 담으세요. 같이 식사하는 사람들에게 쪽지에 적힌 주제로 이야기하자고 미리 부탁하세요. 그러고는 식사 중간에 누군가에게 쪽지 한 장을 고르게 하고 그 주제로 대화를 나눕니다. 쪽지에 미리 아이가 관심 있어 하는 주제를 적어 놨기 때문에 어느 것을 골라 대화를 나눠도 아이가 관심을 가질 것입니다. 아이가 대화에 집중하게 하고 필요할 때에는 참여하도록 옆에서 코치해 주세요.

테리사 카던

10 아이가 사람들 사이에서 지켜야 할 예의를 이해하도록 도와주세요. 어른들의 대화에 끼어들면 안 될 때와 함께 대화해도 될 때, 대화를 나눌 적절한 주제와 목소리 크기 등을 알려 주세요. 아이와 수신호를 정해 아이가 필요할 때 부모에게 사인을 보내게 하세요. 부모

도 수신호로 아이에게 말을 그만하게 하거나 목소리를 줄이도록 하는 것, 아이를 옆으로 불러 어떻게 행동해야 하는지 다시 말해 주는 것 등을 할 수 있습니다. 명절 식사 모임에 가는 차 안에서 어떤 행동이 적절하고 부적절한지 미리 이야기를 나눕니다. 가족 모두가 예의를 지키고 수신호를 사용하도록 하세요. 이를 통해 아이는 이것이 단지 자신만 지켜야 하는 것이 아니라 모든 사람이 지켜야 할 예의임을 이해할 수 있습니다.

캐스린 졸리

명절과 기념일

다음 비법들은 특별한 날이나 행사에 맞춰 적용하세요.

1 밸런타인데이가 다가온다면, 아이와 함께 특별한 카드를 컴퓨터나 태블릿피시로 만들어 보세요. 아이는 디지털 기기 활용 기술을 배울 것이고 당신은 아이와 일대일의 긴밀한 시간을 가질 수 있을 거예요.

조앤나 키팅-벨라스코

2 학급의 어떤 아이들은 특별한 식이 요법을 쓰고 있을 수 있어요. 밸런타인데이나 화이트데이, 핼러윈에 다른 학생들에게 나누어 줄 초콜릿이나 사탕을 보내기 전에 선생님에게 확인하세요. 초콜릿 선물을 받지 못한 것보다 더 안 좋은 것은 초콜릿을 선물로 받은 다음 먹을 수 없다는 거니까요!

조앤나 키팅-벨라스코

3 아이가 특별한 식이 요법을 하고 있다면, 학교 파티에서 아이가 따로 먹을 수 있는 음식을 준비해 보내세요. 아이들은 함께 음식을 먹으며 사회관계를 맺어요. 아이가 친구들과 관계를 형성할 수 있는 기회를 놓치지 않게 해 주세요.

테리사 카던

4 부활절 행사에 참여한다면, 먼저 집에서 부활절 달걀 찾기 연습을
해 보세요. 아이가 흥미를 갖도록 플라스틱 달걀 장난감에 종이클
립, 스티커, 사탕 등을 넣으세요. 달걀 장난감에 무엇을 넣는지는 중요하
지 않아요. 단지 아이가 달걀 장난감을 찾고 열어 보는 것을 좋아하길 바
랄 뿐이지요.

차리 알라레즈-레이놀즈

5 아이가 불꽃놀이를 좋아한다면 큰 소음에 대비해 귀마개를 준비하
세요. 그래도 여전히 소리가 크게 들려서 아이가 예민하게 반응하면
불꽃놀이 현장에서 조금 먼 곳으로 이동하세요. 불꽃놀이는 멀리서 보아
도 재미있으니까요.

에이미 빅슬러 코핀

6 핼러윈 의상을 아이가 고르게 하세요. 핼러윈 가게가 한산할 때에
아이와 같이 가서 둘러보세요. 아이가 무엇에 관심을 갖는지 지켜
보세요. 아이가 핼러윈 의상을 입고 싶지 않다고 해도 괜찮습니다.

조앤나 키팅-벨라스코

7 핼러윈 몇 주 전부터 아이에게 핼러윈 의상을 입혀 보세요. 처음에는
망토 또는 날개를 걸쳐 본 다음 며칠 후 머리 장식물을 추가하는 식
으로 천천히 조금씩 연습시키세요. 핼러윈 날에 꼭 핼러윈 의상을 입지 않
아도 됩니다. 아이가 친구들과 서로 사탕을 주고받으며 파티를 즐기기 편
한 옷을 입을 수 있게 해 주세요. 이 모든 것은 아이가 친구들과 재미있고
즐거운 시간을 보내기 위한 것이니까요.

테리사 카던

8 아이가 산타 할아버지나 부활절 토끼를 만나고 싶어 하지 않는다면 하지 마세요!

조앤나 키팅-벨라스코

9 한 사람씩 차례로 크리스마스 선물을 열어서 무엇을 받았는지 서로 이야기를 나눌 때도 있습니다. 아이가 자기 차례를 알 수 있도록 차례 바꾸기 카드*를 만드십시오. 차례 카드를 받으면 바로 아이의 차례입니다. 카드가 다른 사람에게 가면 아이는 기다릴 차례이지요.

에이미 빅슬러 코핀

10 크리스마스에 대한 책이나 인형들을 선물로 포장해서 12월 1일부터 크리스마스 때까지 아이가 매일 선물을 열어 보게 하세요. 크리스마스를 즐겁게 맞이할 수 있게 도와준답니다.

테리사 카던

모든 아이들은 학교에 가서 배우고 친구를 사귀는 경험을 즐겁게 합니다.

하지만 자폐 스펙트럼 아이에게 학교는 낯설고 시끄러운 곳으로,

아이는 쉽게 흥분하고 도전 행동을 하게 됩니다.

그래서 부모들은 아이를 학교에 보낼 때 늘 불안하지요.

이 장에는 두 가지 종류의 비법들을 담았습니다.

하나는 부모가 직접 학교생활과 공부에 도움을 줄 비법,

다른 하나는 부모가 선생님에게 제안할 수 있는 방법입니다. 이 비법들은

아이가 긍정적인 교육 경험을 얻을 수 있도록 도와줄 것입니다.

아이에게는
학습 도우미,
학교에는
수업 도우미가 되자

통학버스 타기

1 글자를 읽을 수 있는 아이라면, 통학버스가 지나가는 거리의 표지판 목록표를 준비해 주세요. 통학버스를 타고 각각의 표지판을 지나갈 때에 확인 표시를 할 수 있도록 말이죠. 아이가 글자를 아직 못 읽는다면, 목록표에 통학버스가 지나가는 상점이나 건물의 사진을 붙여 만들어 주면 됩니다.

민디 스몰

2 통학버스를 오랫동안 타야 한다면 태블릿피시나 핸드폰 등을 준비해 긴 시간이 금방 지나갈 수 있도록 도와주세요.

민디 스몰

3 아이가 통학버스 창밖을 더 잘 볼 수 있도록 방석을 사용해 자리를 높여 주세요. 방석은 아이의 배낭에 갖고 다니거나 통학버스 운전사가 매일 똑같다면 운전사에게 부탁해 맡길 수도 있어요.

민디 스몰

4 아이가 통학버스를 타는 동안 마음을 안정시킬 수 있는 물건을 가져가게 하세요. 아이가 물건에만 집중하여 통학버스에서 내리지 않으려 한다면, 버스 승하차를 도와주는 동승 보호자에게 '끝났다!'라고

쓴 상자를 보내 보세요. 아이가 버스에서 내리면서 '끝났다!' 상자에 물건을 넣게 하는 겁니다.

민디 스몰

5 아이가 통학버스를 놓치면 어떻게 해야 하고 어디로 가야 하는지 알려 주세요. 그렇지 않으면, 하교 시 아이는 버스를 놓쳐 집까지 걸어와야 할지도 몰라요.

조앤 클라크

6 아이가 통학버스에서 할 수 있는 일과 없는 일을 상기할 수 있도록 그림이나 단어를 사용한 한 장짜리 시각적 지원을 만드세요. 코팅을 해 두고 매일 아이가 차에서 볼 수 있게 해 주세요. 운전사나 동승 보호자에게 그 자료를 맡겨 놓아도 좋습니다.

테리사 카던

7 많은 아이들이 지도를 보며 길 찾기를 좋아합니다. 학교까지 가는 경로를 나타낸 지도를 준비해, 가는 길에 있는 건물 사진을 붙이고 확인 칸을 만들어 주세요. 아이가 차를 타고 지나가는 경로와 본 건물을 표시할 수 있도록 말이죠. 이렇게 하면 순서 익히기 연습도 되고 통학버스 안에 있는 시간을 잘 보내는 데도 도움이 됩니다.

테리사 카던

8 아이가 통학버스 안에서 어떤 특정한 행동을 하고 싶을 수 있어요. 그런데 이때 그 행동을 해도 되는지 주위에 물어볼 사람이 없을 수도 있지요. 아이가 올바른 선택과 결정을 하게 하는 전략이 필요합니다. 아

이가 행동을 하기 전에 다음 세 가지 질문을 하도록 가르치세요.

첫째, 이게 내가 하고 싶은 행동일까?

둘째, 그 행동을 하면 곤란해질까?

셋째, 그게 정말 내가 원하는 일일까?

아이가 이 세 가지 질문 전략을 기억하도록 파워 카드*를 만들고, 연습시키세요. 그리고 교실이나 놀이터 등에서도 이렇게 세 가지 질문을 하도록 가르치세요. 이를 통해 아이의 자기 결정력을 길러 줄 수 있습니다.

리사 리버먼

9 통학버스 운전사와 친해지세요. 운전사는 매일 등하교 하는 상당한 시간 동안 아이와 함께 있어요. 당연히 자녀 교육을 위한 중요한 멤버가 됩니다. 아이에 대한 정보를 운전사에게 알려 주세요. 아이를 진정시킬 수 있는 것, 아이의 불안을 유발하는 것, 좋아하는 것 등 아이에 대한 구체적인 정보를 공유하세요.

테리사 카던

10 아이가 통학버스를 탈 때 자신의 행동을 모니터링할 수 있는 방법을 강구하세요. 아이가 규칙을 상기할 수 있게 시각적 지원을 만들어 보세요. 규칙 그림 아래에 확인 표시를 하거나 스마일 스티커를 붙일 칸을 추가해 주세요. 통학버스가 정차할 때마다 칸에 표시를 추가하도록 규칙을 바꾸거나 아이에게 시계를 주어 버스가 정차하는 시간 간격을 확인케 하는 것도 좋습니다.

테리사 카던

읽기

1 읽기는 해독과 이해의 두 가지 활동으로 이루어집니다. 해독은 단어 재인이라고도 하는데 글자 형태와 소릿값을 연결해 단어를 읽는 것입니다. 이해는 읽은 내용에 의미를 부여하는 것이고요. 자주 아이에게 책을 읽어 주세요. 그래야 아이가 해독과 이해를 동시에 하는 읽기를 할 수 있습니다.

앤서니 코우트소프타스

2 독해력을 키우려면 아이 수준에 맞는 줄거리의 책을 읽히세요. 이야기에 명확한 문제와 해결책이 들어 있는 책으로요. 빌 마틴 주니어의 《갈색 곰아, 갈색 곰아, 무엇을 보고 있니?》나 에릭 힐의 〈스팟의 그림책〉 시리즈는 재미는 있지만 독해를 통해 파악할 줄거리는 없습니다. 이야기의 시작, 중간, 끝이 명확한 책을 선택하세요. 독해 능력을 향상시키는 데는 간단하고 친숙한 줄거리가 있는 이야기책이 더 효과적입니다.

앤서니 코우트소프타스

3 읽기 연습을 위해 부모님이 책을 읽어 주는 걸 아이가 꺼린다면 책이 아이의 수준에 맞지 않는 것일 수도 있습니다. 그 책의 수준보다 6개월에서 1년 정도 낮은 수준의 책을 찾아 읽히세요. 아이의 읽기 수준에 맞는 책은 독서를 재미있게 만들어 주는 동시에 이해력을 높이는 데도 도움

이 됩니다. 필요한 경우 아이의 선생님에게 조언을 구하세요.

캐럴라인 레빈

4 이야기 속 주인공과 친숙해지도록 시리즈로 된 책을 읽히세요. 각 이야기에서 등장인물이 어떻게 행동하는지 비교할 수 있으며, 시리즈의 한 책에서 다음 책으로 넘어갈 때 이미 친숙한 캐릭터가 있어 책 읽기를 지속적으로 하는 데 도움이 됩니다.

앤서니 코우트소프타스

5 책장을 펼칠 때마다 아이에게 질문을 하나씩 해 보세요. 질문은 최대한 다양하게 합니다. 책 읽기를 시작할 때, 다섯 손가락을 펼쳐서 질문을 하나씩 해 나가 보세요. 엄지손가락은 누가, 검지는 무엇을, 중지는 어디서, 약지는 언제, 새끼손가락은 왜를 묻는 질문일 수 있습니다. 책의 첫장을 읽은 후 "누가?"라고 물어본 뒤 엄지손가락을 접고, 다음 장을 읽은 후 "무엇을?" 하고 묻고 검지를 접는 식으로 하세요. "이게 뭐야?"와 같이 쉬운 질문을 해도 괜찮아요. 그런 뒤에 "왜?"와 같은 어려운 질문을 하면 되니까요.

앤서니 코우트소프타스

6 책 한 권을 너무 오래 읽히지 마세요. 아이들은 익숙하고 편안해서 좋아하는 책만 계속해서 읽고 싶어 하거든요. 아이에게 새로운 책을 항상 소개해야 합니다. 서점이나 도서관에 데려가 새 책을 고르게 하는 것도 좋습니다. 익숙한 책을 읽은 후 새 책을 읽게 하면 전환을 더 쉽게 할 수 있습니다.

앤서니 코우트소프타스

7 책 속 등장인물을 나타내는 인형을 만들거나 사서 부모님이 책의 내용을 인형극으로 직접 연기해 보여 주세요. 이렇게 하면 책의 이야기가 실제처럼 느껴져 이해가 쉬울 거예요. 인형을 가지고 다니며 차를 타는 동안이나 약속 장소에서 기다리는 동안 인형극을 할 수도 있답니다.

앤서니 코우트소프타스

8 아이가 책 읽기를 꺼린다면 책에 흥미를 가질 수 있게 책을 변신시켜 보세요. 책에 글자 대신 그림 기호*를 붙이거나 다른 그림이나 사진을 사용해 아이만을 위한 새로운 그림책을 만드는 겁니다. 변신시킨 그림책을 읽으며 아이가 단어와 그림을 가리키게 하세요. 책 읽기에 대한 흥미가 높아지고, 이해력도 높일 수 있습니다.

테리사 카던

9 읽기와 놀이를 함께 할 수 있는 책을 직접 만들어 보세요. 부모님이 이야기를 창작할 필요는 없습니다. 이미 있는 이야기로 만들면 되니까요. 이야기에 알맞은 그림, 사진을 찾아 책으로 구성하고 책 놀이 활동은 인터넷에서 찾으세요. 부모님이 만든 책에 아이가 글자, 숫자, 그림 스티커를 붙이고, 그림 퍼즐 맞추기 연습을 할 수도 있습니다.

테리사 카던

10 영어를 가르친다면, 파닉스부터 시작하세요. 파닉스는 영어 단어가 가지는 소리, 발음을 통해 영어 읽는 방법을 깨치게 하는 교수법이에요. 관련한 영상이나 교구가 상당히 많이 나와 있으니 영어를 가르칠 때 참고해 보세요.

에이미 미센식

글씨 쓰기

1 아이가 줄 안에 글씨를 쓰게 하려면 먼저 줄을 인식하게 해야 해요. 줄은 질감으로 느끼게 할 수 있어요. 두꺼운 크레파스 선부터 시작하고 잘 되지 않으면 테이프, 지점토 등으로 가는 선을 만들어 시도하세요.

민디 스몰

2 연필 잡는 법은 연필 교정기를 사용해 가르치면 좋아요. 그러나 시중에 나온 제품은 대부분 연필을 쥐는 자세를 교정해 주는 것들이에요. 아직 연필을 손에 잡지 못하는 아이에게는 맞지 않지요. 간단히 고무줄을 이용해서 아이가 연필을 손에 잡고 있게 훈련시켜 보세요. 고무줄을 묶어 숫자 8 모양으로 만드세요. 긴 고리는 아이의 손목에 걸고, 짧은 고리는 연필에 거세요. 고무줄이 연필을 잡아 줘서 아이가 연필을 올바르게 잡을 수 있습니다. 또 아이에게 연필을 잡는 편안한 감각을 기억하게 할 수도 있습니다.

에이미 미센식

3 일부 아이들의 경우, 연필이 손에 편안하게 느껴질 만큼 충분히 무겁지 않을 수 있습니다. 아이가 더 안정적으로 느낄 수 있도록 연필 교정기 위에 너트처럼 무게가 나가는 것을 테이프로 붙여 주세요.

테리사 카던

4 아이에게 맞는 연필을 찾을 때까지 샤프펜슬, 두꺼운 것, 둥근 모양, 그립이 있는 것과 없는 것 등 다양한 유형의 연필을 써 보세요. 아이가 어떤 연필을 좋아하는지 학교 선생님에게도 알려 주세요.

테리사 카던

5 아이가 손을 움직여 공중에 글자나 단어를 크게 쓰게 해 보세요. 손전등이나 스카프를 사용하면 쓰는 것이 더 잘 표현됩니다. 아이에게는 작은 움직임보다 큰 움직임을 수행하는 것이 더 쉬울 수 있습니다.

제니 클라크 브랙

6 야외에 나가 바닥에 글자나 숫자를 써 보게 하세요. 붓에 물을 묻혀서 칠판에 글씨를 써 볼 수도 있습니다.

제니 클라크 브랙

7 자석 보드판 또는 그리기 장난감을 사용하여 쓰기 연습 및 단어 연습을 하게 합니다.

제니 클라크 브랙

8 아이에게 타이핑을 가르치세요. 요즘에는 손 글씨보다 타이핑을 잘하는 것이 더 중요합니다. 글자를 쓸 줄 안다는 것이 중요하지 글씨를 예쁘게 쓰는 건 중요하지 않으니까요.

테리사 카던

9 아이가 쓰기 연습을 하고 싶게 만드는 방법을 찾으세요. 아이와 함께 문구점에 가서 쉽게 쓰고 버릴 카드나 연습용 책, 색연필, 크레

용, 보드 마커 등을 구입하세요. 게임처럼 쓰기 연습을 하고, 재미있는 보상을 해 주세요. 아이가 쓴 글씨를 냉장고나 게시판에 걸고 다른 사람들에게 보여 주면서 크게 칭찬해 주세요.

캐스린 졸리

10
음식을 이용해 글씨를 쓰거나 음식에 글씨를 써 보세요. 시리얼이나 삶은 스파게티 국수, 완두콩으로 글자를 만들고, 으깬 감자 위에 글자를 새긴 뒤, 그 글자들의 홈에 그레이비소스를 채워 넣을 수도 있겠지요. 잘 닦이는 테이블 매트에 프린트된 글자들을 음식 재료로 따라 써 볼 수도 있습니다.

캐스린 졸리

개별화교육계획을 세울 때

1 개별화교육계획(IEP)을 세울 때, 아이를 참여시키세요. 관계자들이 허락하고, 아이가 회의에 참석할 수 있다면요. 이 과정에서 아이가 자기 옹호 및 표출을 위한 기술을 익힐 수 있습니다.

스티브 쇼어

2 개별화교육계획을 위한 회의 당일에 바로 서명을 해야 한다고 생각하지 마세요. 집에 가져가서 다시 한 문장씩 검토하세요. 계획이 만족스러운지 다시 확인하는 거예요. 확실하지 않은 경우, 질문을 하고 만족스러운 결정에 도달할 때까지 수정하세요.

프래더 해럴

3 아이가 비장애 아이들과 함께 수업을 받을 경우, 선생님과 긴밀히 협력하여 도움을 받을 수 있는 프로그램을 마련하세요. 아이와 선생님 모두에게 도움이 되는 방법을 구체적으로 제안하세요. 예를 들어, 아이가 교실 앞쪽에 앉으면 집중을 더 잘할 수 있다는 것, 아이가 산만해지면 선생님은 가볍게 어깨만 톡톡 두드리는 것 같은 방법만으로 수업의 흐름을 깨지 않고 아이의 주의를 돌릴 수 있다는 것 등으로요. 개별화교육계획표에

특정 좌석 배치와 같은 고려 사항도 기록하세요.

에이미 미센식

4 개별화교육계획을 위한 회의에 아이의 사진을 가져가세요. 아이의 사진을 보여 주며 회의를 진행하면 참석자 모두에게 한 번 더 아이를 상기시켜 교육과정과 서비스들을 아이에 맞게 더 개별화시킬 수 있습니다.

테리사 카던

5 논쟁이 있을 것 같은 개별화교육계획 회의에는 참석하지 마세요. 다른 사람들의 의견을 듣고 싶겠지만 이미 부모님이 마음속으로 내린 결정이 있다면 편하게 듣기가 어려울 수 있습니다. 참석했더라도 그 순간 바로 결정을 내릴 필요는 없으니 열린 마음으로 경청만 하세요.

테리사 카던

6 개별화교육계획 회의에 친구, 이웃, 전문가 등 다른 사람을 데려가도 괜찮습니다. 정신적인 지지를 해 주고 힘든 과정들을 도와줄 수 있는 사람과 동반할 것임을 학교에 미리 알려 주세요. 함께 가는 사람은 전문가가 아니어도 괜찮습니다. 회의에서 들은 것들을 당신 대신 기록해 주고 질문거리가 생각나게 도움을 줄 수 있는, 그저 당신과 함께 있을 수 있는 사람이면 됩니다.

테리사 카던

7 회의 동안 다루고 싶은 쟁점, 교육 목표, 해야 할 질문 등의 목록을 미리 작성하세요. 회의를 하다 보면 다른 안건에 휩쓸려 부모님이 말

하고 싶은 요점들을 놓칠 수 있습니다. 미리 목록을 작성하여 가져가면 도움이 될 것입니다.

미셸 포메로이

8 개별화교육계획과 관련된 다양한 책이 나와 있습니다. 그중에는 실제 자폐 스펙트럼 아이를 둔 부모들이 직접 쓴 책도 있을 것입니다. 어려운 법률 용어가 많이 나오는 전문적인 책보다 당신과 같은 부모가 쓴 책이 쉽고 실질적인 도움을 줄 것입니다.

테리사 카던

9 개별화교육계획을 위한 회의는 항상 순조롭게 진행되지만은 않습니다. 법, 특히 '장애인 등에 대한 특수교육법'에 따른 부모님의 정당한 권리를 숙지하세요.

테리사 카던

10 배정된 학교의 통학 거리나 학교 환경 등에 불만이 있다면, 다음 절차를 살펴보아야 합니다. 학부모는 교육기관의 결정에 대해 이의 제기를 할 권리가 있습니다. '장애인 등에 대한 특수교육법'에 따라 행정심판을 제기해 보세요. 이는 학부모로서의 권리이지만 절차를 진행하는 것이 쉽지 않습니다. 먼저 다른 가능성은 없는지 모두 확인한 뒤 당신의 불만과 이의 사항에 대해 교육기관에 솔직하게 전달하시기 바랍니다.

테리사 카던

학급 친구들에게 자폐 스펙트럼에 대해 알리기

1 연령에 적합하면서도 재미있고 세심한 방법으로 자폐 스펙트럼의 특성들을 알려 주는 프로그램이나 활동을 제공해 주세요.

헤더 매크래컨

2 초등학교 또래들에게 자폐 스펙트럼에 대해 소개할 때는 관련한 그림책이나 프로그램을 사용해 보세요. 아이들의 눈높이에 맞게 소개 내용을 조절하고, 부모님의 소개 내용에 아이의 사례를 포함할지 여부를 가족과 함께 결정하세요.

조앤나 키팅-벨라스코

3 중학생부터는 부모가 직접 자폐 스펙트럼에 대해 알리는 프로그램의 발표자가 되거나 프로그램에 참여나 참관을 하지 마세요. 청소년들은 독립적이기를 원합니다. 부모가 있으면 부끄러울 수 있고 놀림거리가 될 수도 있어요. 만일 발표를 보고 싶다면 녹화를 해서 보는 게 좋습니다.

조앤 클라크

4 학급의 비장애 아이들이 자폐 스펙트럼에 대해 알고 이해한다고 가정하지 마세요. 아이의 학급에 가서 아이가 갖고 있는 어려움이 무엇인지 알려 주세요. 또래들이 공통적으로 좋아하는 것이나 취미를 강조하세요. 비장애 아이들은 자폐 스펙트럼에 대해 궁금해하며, 이에 대해 알고 나면 자폐 스펙트럼 아이와 더 잘 지낼 수 있게 된답니다.

조앤나 키팅-벨라스코

5 자폐 스펙트럼에 관한 책을 학교 도서관에 기증하세요. 부모님이 학교 도서관에 가서 학생들에게 그 책을 읽어 줄 시간을 만들 수 있는지 사서에게 확인하세요.

조앤나 키팅-벨라스코

6 아이의 친구들과 자폐 스펙트럼에 대한 궁금증을 풀고 이야기를 나누는 시간을 가져 보세요. 아이들을 대상으로 만든 자폐 스펙트럼 관련 영상이나 책을 같이 보고 함께 이야기를 나누는 시간을 꼭 가지셔야 합니다. 그래야 아이들이 더 많이 배우고 이해할 수 있으니까요.

조앤나 키팅-벨라스코

7 자폐 스펙트럼에 대해 상세하게 설명해 주는 프로그램 중 실제로 쉽게 따라 하고 적용할 수 있는 방법이 포함된 것을 찾아 학교 선생님에게 전달해 주세요.

테리사 카던

8 학교생활에 대한 정보를 학급 친구들로부터 얻으세요. 1학년 때 같은 반 친구들과 이야기를 나누었다면, 2학년, 3학년 등 매 학년마

다 그렇게 하셔야 합니다. 아이는 계속 자라고 있다는 것을 기억하세요. 또래들로부터 아이가 싫어하는 것이나 힘들어하는 것뿐만 아니라 좋아하는 것과 강점에 대해서도 이야기를 들어 보아야 아이를 위해 더 나은 지원을 할 수 있습니다.

테리사 카던

9 아이들이 쓴 자폐 스펙트럼에 대한 책을 읽혀 보세요. 아이의 관점으로 쓴 책은 읽기 쉽고 이해하기 쉽습니다.

테리사 카던

10 또래 친구들이 자폐 스펙트럼 장애 체험을 하는 프로그램에 참여하게 해 보세요. 자폐 스펙트럼에 있는 아이들의 세상을 조금이나마 알 수 있는 기회를 줄 것입니다.

테리사 카던

특별한 관심사를
학습에 이용하기

1 아이가 특별하게 관심을 갖는 것을 학습에 이용해 보세요! 수 세기를 가르칠 때 블록 대신 장난감을 세어 보세요. 색 인지 수업을 할 때, 색상 판이나 구슬 대신 색깔이 있는 기차 장난감, 피규어 인형 등을 사용해도 좋습니다.

민디 스몰

2 언어 수업을 하며 책을 읽고 이해하도록 가르칠 때는 이야기책의 주인공을 아이가 특별히 관심을 가지고 있는 다른 주인공으로 대체합니다. 예를 들면, '소년이 집에서 어머니에게 편지를 쓰고 있다.'에서 소년과 어머니를 아이가 좋아하는 에니메이션에 나오는 주인공 아이와 엄마로 대체하는 겁니다.

조시 산토마우로

3 아이가 지닌 특별한 관심사와 열정을 활용해 사회적인 상호작용을 할 수 있는 프로그램을 지역에서 찾으세요. 예를 들어, 아이가 컴퓨터를 좋아한다면 지역에서 가입할 수 있는 컴퓨터 교실을 찾아 등록하는 거예요. 아이는 컴퓨터 교실에 참여하며 관심사가 같은 친구를 사귀는 방법,

관계를 지속하는 방법 등 사회성 기술을 키울 수 있습니다.

스티븐 쇼어

4 아이의 특별한 관심사 뒤에 있는 열정과 욕구를 교육적으로 연결시키세요. 예를 들어 아이가 비행기에 과몰입한다면, 비행기가 어디로 가는지 이야기를 나누면서 지리 학습을 할 수 있어요. 또 비행기의 비행거리, 비행시간과 연료 사용량을 계산하며 수학 학습도 할 수 있습니다. 비행기와 관련된 직업 탐색의 기회도 가질 수 있고요.

스티븐 쇼어

5 아이의 가방에 '오늘의 단어' 카드를 넣어 주세요. 그림이나 사진 아래에 단어를 적어 카드를 만드세요. 새로운 단어를 익히게 해 어휘를 확장시키는 재미있는 방법입니다.

에이미 미센식

6 학습 동기를 높이기 위해 아이가 특별히 좋아하는 캐릭터로 퍼즐을 만들어 보상으로 주세요. 두꺼운 종이에 캐릭터 그림을 인쇄하고 코팅합니다. 퍼즐처럼 맞출 수 있도록 조각조각 자릅니다. 아이가 수업에 잘 참여할 때나 수학 문제를 풀 때마다 퍼즐 조각을 보상으로 주세요. 조각을 하나씩 맞춰 자신이 좋아하는 캐릭터를 완성했을 때 정말 좋아할 것입니다.

테리사 카던

7 쉬는 시간은 아이들이 긴장을 풀고 휴식을 가지는 시간입니다. 쉬는 시간 동안 다른 아이들과 상호작용을 하게 하는 것도 좋지만 때로

는 잠시 모래를 만지며 촉감을 느끼게 해 주세요. 수업 동안 긴장했던 아이의 감각 이완에 도움이 됩니다.

테리사 카던

8 학기가 시작되기 전, 선생님에게 아이를 진정시킬 수 있는 물건을 알려 주세요. 스포츠 잡지, 빙글빙글 돌아가는 의자, 그네, 아늑한 구석 등 아이가 진정될 수 있는 것이면 무엇이든 이야기하세요. 아이가 힘들어하며 쉬는 시간을 필요로 할 때 선생님은 이것들을 사용하여 아이를 진정시킬 수 있을 것입니다.

테리사 카던

9 자폐 스펙트럼 아이들은 쉬는 시간이나 자유 시간에 무엇을 해야 할지 스스로 결정하기 어렵습니다. 아이가 선택할 수 있는 활동 목록을 정해서 선택판*이나 목록표로 만들어 주면, 아이가 결정을 하는 데 도움이 됩니다.

테리사 카던

10 아이가 쉬는 시간에 사용할 수 있는 놀잇감 보관함이 있는지 선생님에게 물어보세요. 일부 자폐 스펙트럼 아이들은 비구조화된 시간을 보내는 것이 어려워 특정한 장소로 가야 합니다. 만약 아이를 위한 별도의 장소가 없다면, 교실에 아이가 시간을 보낼 수 있는 놀잇감 보관함이 필요합니다. 선생님에게 당신이 같은 반 학부모들에게 각 아이들이 좋아하는 놀잇감 세 가지를 보내 달라고 요청하는 메일을 보내도 되는지 물어보세요. 예를 들면, 감각 놀이 공, 책, 보드게임 같은 것들을요. 학부모들이 기꺼이 보내 주면, 선생님에게 전달해 놀잇감 보관함을 만들어 교

실에 비치해 달라고 하세요. 당신의 아이뿐 아니라 모든 아이들이 쉬는 시간이나 자유 시간에 가지고 놀 수 있게 하는 겁니다. 이 놀잇감들은 학기가 끝날 때 학부모들에게 다시 돌려줄 수도 있고, 의견을 모아 학교에 기증할 수도 있습니다.

조앤나 키팅-벨라스코

점심시간을 대비하기

1 도시락을 가져간다면, 급식 식단표를 확인해 또래들과 비슷한 것을 먹게 준비해 주세요.

조앤나 키팅-벨라스코

2 그 누구도 혼자 밥을 먹고 싶지 않을 거예요. 학교에 또래 감수성 훈련이 있고, 점심시간에 자폐 스펙트럼 아이를 지원해 주는 방법이 포함되어 있는지 확인해 보세요. 가장 좋은 방법은 모두 함께 식사를 하는 것입니다. 그렇게 하면 누구도 소외되지 않을 거예요. 어떤 방법이 가능할지 아이의 담임 선생님과 상의해 보세요.

테리사 카던

3 아이가 월별 급식 메뉴를 보고 급식을 먹을 날을 선택하게 합니다. 급식을 위해 줄을 서고, 숟가락과 젓가락을 챙기고 배식을 받는 과정도 학습입니다. 아이는 특수교육실무사, 선생님, 친구들의 도움을 받아 학교에서 급식을 먹는 방법을 배울 수 있을 것입니다.

조앤나 키팅-벨라스코

4 아이의 독립성을 키울 수 있는 음식을 주세요. 아이가 스스로 음료수 뚜껑이나 과자 봉지를 열 수 있나요? 그렇지 않다면, 아이가 누

구의 도움 없이도 혼자서 먹을 수 있는 간식을 찾아보세요.

조앤나 키팅-벨라스코

5 도시락을 가져간다면, 아이가 늘 하나만 골라 먹더라도 영양상 필요한 음식 몇 가지를 더 싸 주세요. 한정된 선택지 중에서 선택을 하다 보면 점차 자연스럽게 그 음식을 먹게 될 것입니다. 아이가 먹지 않은 것들은 집에 가져오게 하세요. 그래야 무엇을 먹지 않았는지 알 수 있고, 다음에 다시 시도할 수 있으니까요. 선택지는 2개나 3개 정도로 제한해 주세요.

조앤나 키팅-벨라스코

6 아이가 음식을 먹을 때에 식사 도구나 냅킨 등을 적절히 사용하는지 확인하세요. 아이가 식사 시간에 불필요한 관심을 받는 것은 원치 않을 테니까요.

테리사 카던

7 연습, 연습 또 연습시키세요. 식당에 들어가기, 음식을 먹기 위해 줄을 서기, 테이블 찾기, 자리 정리하기 등이 구조화되려면 연습이 필요합니다. 특수교육실무사든, 선생님이든, 또래 친구든 점심시간에 아이와 연습할 사람을 정해 달라고 요청하세요. 그리고 점심 식사 과정이 바뀌면 또다시 연습해야 한다는 것도 잊지 마세요.

테리사 카던

8 급식실에서 적절한 행동과 적절하지 않은 행동이 무엇인지 시각적인 알림장을 만들어 알려 주세요. 알림장에는 내 손은 내 몸에 두기, 속으로 말하기, 내 음식만 먹기, 식사 중에 돌아다니지 않기, 음식 던지

지 않기, 휴지만 버리기, 음식 나눠 먹지 않기 등의 내용을 담으세요. 그러면
아이가 점심시간을 보다 잘 보낼 수 있을 거예요.

테리사 카던

9 급식실이 아닌 곳에서도 점심을 먹을 수 있도록 아이를 준비시키세요. 선생님에게 수업 일정을 물어보고 변화 상황에 맞는 맞춤형 이야기*를 준비하세요. 아이와 함께 변화에 대한 이야기를 자주 읽으면, 교실이나 놀이터로 점심을 먹으러 갈 때 아이가 당황하지 않고 변화에 대비할 수 있게 된답니다.

테리사 카던

10 급식실은 시끄럽고 아주 혼란스러운 곳입니다. 아이가 소음에 굉장히 민감하다면 먼저 공원에서 식사를 한 다음 여러 사람과 함께 작은 방에서 식사를 해 보세요. 아이가 점점 더 많은 사람들과 넓은 공간에서 식사를 할 수 있을 때까지 천천히 단계를 밟아 시도해 보세요. 점심시간은 사교적인 시간이며, 우리는 아이가 감각 과부하로 인해 이를 경험하지 못하게 되는 것을 원치 않으니까요.

테리사 카던

숙제하기

1 아이의 문제를 지적할 거라면 현명하게 선택하세요. 아이가 숙제를 할 때 책상에 앉는 대신 서 있기를 원하나요? 숙제를 서서 하는 데 무슨 문제가 있나요? 아이가 편한 방식으로 하도록 해 주세요.

스티븐 쇼어

2 자폐 스펙트럼 아이는 시각을 통한 학습을 해야 한다고 여기는데, 모두 그렇지는 않습니다. 아이가 시각적 학습자라면 모든 것을 가능한 한 시각적으로 만드세요. 운동 감각적 학습자라면 실습과 체험으로 배우는 기회를 가능한 한 많이 제공하세요.

스티븐 쇼어

3 아이가 스스로 탁상시계나 손목시계를 보며 주어진 시간 내에 과제를 완성하도록 가르치세요. 시곗바늘이 있는 타이머*는 남은 시간을 시각적으로 나타내므로 꽤나 유용합니다. 아이가 숙제하는 데 걸릴 시간을 예측하고 실제로 걸린 시간을 비교하는 것부터 시작해 봅니다.

다이앤 안드레온

4 아이가 자신의 물건을 관리하는 데 책임감을 갖도록 가르치세요. 할머니 댁으로 가져갔거나 차에 놓고 내린 장난감을 기억하고 챙

기는 것부터 시작하세요. 아이가 할머니 댁 방문 후에 장난감을 찾아서 차에 가지고 타고, 다시 차에서 집으로 가지고 들어가는 것까지 책임지고 할 수 있도록 습관화시켜 주세요. 점차 학교 가방이나 학용품 등으로 확장시켜 줄 수 있습니다.

다이앤 안드레온

5 아이가 숙제의 양에 압도되는 것 같다면, 형광펜으로 아이가 꼭 해야 할 문제들만 표시해 주세요. 아이가 개념을 이해했다면 굳이 40개의 문제를 다 풀지 않아도 됩니다. 아이의 선생님과 의논하여 짝수 번호 문제만 풀어 가거나 저녁 시간에 풀 수 있는 만큼으로 숙제의 양을 조정해 보세요. 학기 중에도 개별화교육계획을 수정할 수 있으니 조정된 내용을 문서화시키세요.

테리사 카던

6 자폐 스펙트럼 아이들은 한 활동에서 다른 활동으로 전환하는 데 어려움을 겪습니다. 상자 또는 바구니 두 개를 사용하여 하나에는 '할 것' 표시를, 다른 하나에는 '다 한 것' 표시를 붙입니다. 아이에게 '할 것' 바구니에 있는 숙제를 하게 하세요. 해야 할 숙제들이 '다 한 것' 바구니로 다 옮겨지면 아이는 그날의 할 일을 다 마친 것이 됩니다. 일정한 시간 안에 아이가 숙제를 마치게 하려면 시각적 신호를 명확히 주는 타이머*를 사용하세요.

테리사 카던

7 집에서 숙제를 하는 시간과 장소를 정해 놓으세요. 아이에게는 일관된 일상과 잘 구조화된 환경이 큰 도움이 됩니다. 아이가 숙제를 하

는 환경이 다른 자극에 방해를 받지 않으면서도 당신의 도움을 쉽게 받을 수 있는 곳인지 반드시 확인해야 합니다.

테리사 카던

8 일부 아이의 경우, 숙제를 하는 동안 무릎 위에 무거운 무릎 담요를 덮어 주면 묵직한 압력으로 집중력을 잘 유지할 수 있습니다.

홀리 레이크래프트

9 숙제를 시작하기 전에 아이에게 맞는 감각 활동을 하게 하세요. 이렇게 하면 아이가 숙제에 조금 더 집중할 수 있게 될 것입니다.

홀리 레이크래프트

10 매일 같은 장소에서 숙제를 하게 하세요. 아이가 좋아하는 연필과 지우개를 가지고 있는지, 숙제하는 방법이 동일하게 유지되는지 확인하세요.

홀리 레이크래프트

숙제를 내 주는
선생님에게

다음은 아이의 선생님과 공유할 수 있는 숙제에 대한 비법들입니다.

1 아이가 숙제를 하는 데 걸릴 시간을 기준으로 숙제를 내 주시기 바랍니다. 풀어야 할 문제의 수를 기준으로 숙제를 내 주면 아이가 숙제를 끝내는 데 지나치게 많은 시간을 쓸 수 있으니까요.

브렌다 스미스 마일스

2 과제에 예시 문제와 풀이를 포함해서 주세요. 아이가 학교에서 과제를 어떻게 풀도록 배웠는지 부모가 알면 함께 과제를 푸는 데 도움이 될 것입니다.

브렌다 스미스 마일스

3 아이가 숙제를 하지 않는 날을 부모가 유연하게 정할 수 있게 해 주세요. 자폐 스펙트럼 아이들은 학교에 있는 동안 스트레스와 불안을 겪기 때문에 이를 해소하는 날이 필요하기 때문입니다. 부모가 아이의 상태에 따라 숙제를 하지 않는 날을 결정할 여지를 주세요.

브렌다 스미스 마일스

4 자폐 스펙트럼 아이들에게는 숙제를 제출하라고 한 번씩 더 알려 주시면 좋을 것 같아요. 우리 아이들은 숙제를 해 가도 사물함이나 책가방에 그대로 두고 내지 않을 때가 있답니다.

브렌다 스미스 마일스

5 아이의 알림장을 검토하여 숙제가 모두 적혀 있는지 확인하고 서명 해 주세요. 부모가 알림장을 확인하고 서명하는 것도 도움이 될 것 입니다.

브렌다 스미스 마일스

6 어떤 가족은 아이와 함께 숙제를 하기 어려울 수도 있습니다. 이 경 우 아이가 학교에서 숙제를 할 수 있도록 장소를 제공하거나 아이 의 개별화교육계획표에 '숙제 없음'으로 표시해 주세요.

브렌다 스미스 마일스

7 아이가 숙제를 다 해 갔는지, 숙제 평가는 어떻게 받았는지에 대해 부모와 자주 소통해 주세요. 부모는 아이에게 여러 과목의 숙제가 있다는 것을 알지 못할 수 있어요. 또 아이가 숙제를 잘했는지 알고 싶을 때도 있답니다. 그래야 집에서 아이의 숙제를 잘 도와줄 수 있으니까요.

브렌다 스미스 마일스

8 아이가 교과서를 학교 사물함에 두지 않고 집에 가져갈 수도 있습 니다. 아이가 학교에 다시 교과서를 가져오는 것을 잊었을 때 사용 할 수 있도록 여분의 교과서를 준비해 주시기를 부탁드립니다.

브렌다 스미스 마일스

9 자폐 스펙트럼 아이 또는 부모가 숙제의 세부 사항과 마감일을 확인할 수 있게끔 해 주세요. 밴드, 카톡, 문자, 이메일 등 가족이 아이의 숙제를 확인하는 데 도움이 되는 모든 방법들을 동원해 주시기 바랍니다.

브렌다 스미스 마일스

10 많은 자폐 스펙트럼 아이들은 글씨를 쓰는 데 어려움이 있습니다. 손 글씨 대신 컴퓨터로 작성한 문서 등으로 과제를 제출하게 해 주세요.

브렌다 스미스 마일스

특수교사를 위한
수업 비법

다음은 아이의 선생님에게 도움이 될 수 있는 제안들입니다. 선생님과 적절하게 공유하세요.

1 항상 시각적 스케줄표*를 사용하세요. 사진을 사용하든 글을 사용하든 상관없습니다. 아이가 좋아하는 활동이나 선택 활동은 마지막을 위해 아껴 두세요.

줄리안 힐록

2 구체적으로 지시를 내려 주세요. 말로만 하는 지시는 아이가 알아듣지 못할 수도 있습니다. 칠판에 지시 사항을 적고 아이에게 반복해서 읽게 하세요. 시각적 지원을 사용하면 아이가 지시를 잘 따르게 하는데 효과적입니다.

줄리안 힐록

3 일부 아이들의 경우, 낙서하기, 의자 흔들기, 장난감 들고 있기, 손가락 움직이기 등 상동행동을 해야 수업에 참여하고 집중할 수 있습니다. 자신의 각성을 올리기 위한 보상 차원에서 상동행동을 하는 것이지요.

아이가 선생님 말씀에 주의를 기울여야 할 때 사용할 피짓 토이 상자를 준비하세요. 스퀴즈볼, 고무찰흙, 파이프 클리너 등을 담아 놓으면 됩니다.

제니 클라크 브랙

4 자리에 착석하기 전에 아이의 뇌를 각성시키는 활동을 해 봅니다. 손가락 놀이, 유연성 기르기 체조, 제자리에서 달리기, 점프, 스트레칭, 의자나 책상 잡고 팔 굽혀 펴기, 의자를 살짝 들었다 내려놓기 등을 하는 거예요.

제니 클라크 브랙

5 아이가 의자에 앉아 있는 시간과 몸을 움직이는 시간을 번갈아 가지도록 활동을 계획하세요. 앉아 있다가 음료를 마시고, 앉아 있다가 화장실에 가고, 앉아 있다가 서류를 나눠 주게 하는 겁니다.

제니 클라크 브랙

6 아이들이 그날그날의 일과를 예측할 수 있도록 도와주세요. 일과에 변경이 있을 때는 시각적 스케줄표*를 사용해 아이가 변경된 내용을 알 수 있게 해 주세요. 새로 바뀌는 환경에 대한 정보를 그림과 기호로 나타낸 시각적 스케줄표를 만들어 책상, 칠판, 벽에 붙여 두거나 작은 책에 끼워 주세요.

제니 클라크 브랙

7 감각 자극 문제를 해결하기 위해 다음의 방법들을 시도해 보세요. 벽 장식 줄이기, 조명 조정하기, 독서대 제공하기, 아이 맞춤으로 만든 필기 용지 제공하기, 칠판보다 책이나 종이를 보고 적게 하기, 가위로 자

를 선을 두껍게 표시하기, 색칠할 그림은 글루건 등으로 미리 밑그림을 따라 그려 놓아 촉각으로 경계선을 느끼고 명확히 인식하게 하기 등의 방법이 있습니다.

제니 클라크 브랙

8 어떤 아이들은 필기가 어려워 종이에 연필로 쓰는 것을 거부합니다. 그러한 경우에는 노트북이나 태블릿피시를 이용하게 해 주세요. 일부 아이들은 워드 프로세싱 프로그램의 다양한 글자 색, 글꼴 등에 관심이 있어 필기를 하고자 할 것입니다.

폴라 클루스

9 다양한 도구들로 글쓰기를 하게 해 보세요. 아이들은 마커, 색연필, 특대형 펜이나 워터브러시 펜, 구부릴 수 있는 펜 등을 사용할 때 글쓰기를 더 하고 싶은 마음이 든답니다.

폴라 클루스

10 아이에게 집, 교실 또는 특별 행사에서 사진을 찍게 하세요. 사진은 글, 연극, 편지, 시를 쓰거나 매뉴얼을 만들기 위한 시각적 단서로 쓸 수 있습니다. 그렇게 사진을 활용하기 위해서는 순서에 맞게 사진을 찍었거나 아이의 주변과 관련 있는 것을 찍어야 할 것입니다. 예를 들면 야구 경기의 시작, 중간, 끝의 과정이 담긴 사진, 아이의 교실에서 키우는 식물에게 물을 주는 사진 등입니다.

폴라 클루스

특수교육실무사에게
요청할 것들

다음은 특수교육실무사와 공유하거나 제안할 내용들입니다.

1 항상 아이가 잘 알고 있다는 전제를 가져 주세요. 선생님이 말하는 모든 것을 아이들이 이해하는 것처럼 가르치고 이야기하세요. 쉬운 단어를 사용해 천천히 말해 주세요. 아이가 일반적인 의사소통 수단을 사용하지 않는다고 해서 지적으로 인식하지 못한다고 가정하지 마세요.

조앤나 키팅-벨라스코

2 아이를 위해 너무 많이 해 주지 마세요. 한번에 큰 과제를 주는 것보다 작은 과제를 나누어 주는 것이 좋습니다. 아이들은 과제가 많든 적든 자기 스스로 그 과제를 끝냈다는 데 더 자부심을 느끼니까요. 과제에 대해 알려 줄 때는 말보다는 손짓이나 몸짓 등 시각적인 방법으로 해 주시는 것이 이해가 빠릅니다.

조앤나 키팅-벨라스코

3 아이를 돌봐 주는 특수교육실무사가 관련한 훈련을 받았는지, 학교나 교육청으로부터 지원을 받고 있는지 확인하세요. 개별화교육계

획에 모든 직원을 대상으로 교육이 진행되도록 하는 항목을 지정하면 특수교육실무사의 훈련에도 도움이 될 것입니다.

테리사 카던

4 특수교육실무사는 자신의 역할이 아이의 독립을 장려하는 데 있다는 것을 인식해야 합니다. 특수교육실무사는 아이가 스스로 할 수 있는 일을 대신 해 주어서는 안 됩니다.

폴라 클루스

5 특수교육실무사는 또래 아이들이 자폐 스펙트럼 아이를 가능한 한 많이 지원하게 얘기해 주고, 다른 아이들이 자폐 스펙트럼에 대해 더 알 기회를 가지게 도와주어야 합니다.

폴라 클루스

6 특수교육실무사는 아이를 보조하는 방법에 대해 명확한 지침을 받아야 합니다. 특수교육실무사는 근무 전이나 근무 중이나 매년 일정 시간 특수교사나 치료사가 근무하는 학교 현장을 참관 실습해야 합니다. 또 특수교사나 치료사는 특수교육실무사를 감독해야 하는데 이는 자폐 스펙트럼 아이 지원을 위한 역량을 강화하도록 돕는 것이지 성과를 평가하기 위한 것이 아닙니다.

폴라 클루스

7 특수교육실무사는 자신의 지원 활동이 무엇을 목표로 해야 하는지 잘 알고 있어야 합니다. 아이의 도전 행동에 대한 관리는 긍정적 행동을 강화하는 방향으로 이뤄져야 합니다. 특수교육실무사는 개별화교육

계획을 시행하는 데 중요한 역할을 합니다. 특히 중재 계획을 세울 때에는 꼭 참석하도록 합니다.

테리사 카던

8 아이의 학교, 선생님 및 특수교육실무사와 특수교육에 도움이 되는 자료를 공유하세요. 특수교육을 관할하는 국립 기관(한국의 경우, 국립특수교육원) 웹사이트에는 다양한 자료가 있으며, 이곳에서 진행하는 특수교육보조인력을 위한 연수 프로그램을 활용할 수도 있습니다.

테리사 카던

9 특수교육실무사는 자폐 스펙트럼 아이가 또래들과 상호작용을 하도록 도와야 합니다. 반대로 자폐 스펙트럼 아이가 또래에게 괴롭힘을 당할 때 되도록 빨리 그 관계 속에서 빠져나오는 방법도 가르쳐 주어야 합니다. 또래들과의 관계뿐 아니라 어른과의 관계까지 모든 것을 가르칠 필요가 있답니다!

테리사 카던

10 특수교육실무사는 때로 교실에 있는 비장애 아이들을 돕는 것이 필요합니다. 자폐 스펙트럼 아이가 자신만이 보조적인 도움이 필요한 유일한 사람은 아님을 알아야 하니까요. 또한 특수교육실무사가 자폐 스펙트럼 아이에게만 도움을 주면, 비장애 아이들은 특수교육실무사를 자신들에게는 필요하지 않은 존재로 생각할 수 있습니다. 때로 비장애 아이들에게도 도움을 주어서 특수교육실무사가 교실에 있는 것을 긍정적으로 여기게 해 주세요.

테리사 카던

아이가 유치원이나 학교에 가지 않는 방학은
가족과 아이들 모두에게 힘든 시간일 수 있습니다.
아이의 구조화된 일상이 깨지고, 그동안 익힌 기술들이
퇴보할 수도 있으니까요. 하지만 방학은 아이에게
잊지 못할 추억과 가족의 화합을 도모하는 시간이
될 수도 있습니다. 다음 비법들은 방학을 부모와 아이
모두가 기다리는 시간으로 만드는 데 도움을 줄 것입니다.

방학을
아이도 부모도
기다리는 시간으로
만드는 법

방학 생활 계획과 일정 세우기

1 도서관에서 운영하는 방학 프로그램에 등록하세요. 도서관 프로그램에는 아이들이 좋아할 만한 놀이가 포함되어 있는 경우가 많습니다. 도서관 외에도 자폐 관련 단체나 기관에서 하는 방학 프로그램을 찾아보세요. 아이와 부모 모두를 대상으로 진행되어 재미있고 유익하답니다.

조앤나 키팅-벨라스코

2 방학은 느슨하게 지내도 되지만 구조화되지 않은 시간이 많으면 힘들어집니다. 가족에게 알맞도록 하루 일정을 구조화한 다음 새로운 일정에 대해 아이가 알 수 있도록 시각적 지원을 만드세요. 아침 일과, 야외 활동, 미술공예 시간, 점심 식사, 감각 놀이, 바깥 놀이, 텔레비전 시청, 저녁 식사, 저녁 일과처럼 단순하지만 확실하게 하루 일정을 짜 주세요.

테리사 카던

3 아이가 유치원이나 학교, 센터 등에서 배웠던 것들을 방학 동안에도 잘 유지하게 도와주고 싶다면 아이의 학습 시간을 일과 속에 포함시키세요. 예를 들어, 아이가 같은 색 분류 학습을 했다면, 바깥 놀이로 모래놀이를 하면서 같은 색의 모래삽 찾기 활동을 해 보세요. 아이가 숫자나

글자를 배우는 과정에 있다면, 바깥에서 자연물로 그리기 놀이를 할 때 이를 연계해 보세요.

테리사 카던

4 수학 학습을 창의적으로 해 보세요. 여름방학 때 강이나 바다에 간다면 모래놀이를 하면서 장난감 등을 모래 속에 묻거나 찾아내면서 덧셈과 뺄셈 연습을 해 보는 거예요. 물놀이장에 간다면 장난감들을 이용해 물에 가라앉는 것과 뜨는 것들을 더하거나 빼 볼 수 있답니다.

테리사 카던

5 여름은 사회성 기술을 훈련하기에 좋은 시기입니다. 사회성 훈련에 적합한 감각 놀이를 다른 아이들과 함께 해 보세요. 미니 풀장 안에 플라스틱 물고기 장난감들을 넣어 두고 아이들이 풀장에 들어가 잡기 놀이를 하게 하세요. 자기 차례가 되면 한 번에 한 마리만 잡을 수 있게 규칙을 정합니다. 차례 바꾸기 카드*를 사용하여 아이가 자신의 차례가 언제 돌아오는지 알게 해 주세요.

테리사 카던

6 동물원, 박물관, 과학 센터, 도서관 등에 방문하세요. 이런 곳을 방문하는 것은 자폐 스펙트럼 아이에게 큰 도전이지만 약간의 준비만 해 주면 앞으로 다른 곳을 다니는 데도 도움이 될 거예요. 방문할 곳의 사진을 미리 찍어 두고 그곳에 대한 맞춤형 이야기*도 만드세요. 추후 아이가 그곳을 방문하면 무엇을 볼지, 무엇을 할지 기대하게 만듭니다. 동물원을 방문한다면 코끼리와 오랑우탄을 보고 나서 회전목마를 타는 정도로만 일정을 짜 주세요. 더 많이도 말고 딱 그 정도만요. 한 번에 모든 걸 다

해야 한다고 생각하지 마세요.

테리사 카던

7 잊지 마세요, 여름방학은 재미있어야 한다는 것을요! 가족들마다 바라는 것은 각기 다를 거예요. 내 아이에 대해서는 부모가 가장 잘 알아요. 아이가 좋아하는 활동들을 계획해 두면 행복한 추억으로 가득 찬 방학을 보내게 될 것입니다.

테리사 카던

8 아이와 함께 매주 매일의 일들을 미리 계획하세요. 주간 활동에 대한 주제를 정하고 매일 할 활동을 달력에 표시하세요. 쉬는 날도 포함하고요. 예를 들어, 한 주의 주제를 공룡으로 정하면 그 주 동안에는 공룡 박물관 가기, 공룡 영화 보기, 공룡 모양의 쿠키 만들기, 공룡을 주제로 연극하기, 공룡에 관한 시나 노랫말 쓰기 등의 활동을 하는 것이죠. 음식이 주제라면 장보기, 요리하기, 식단 짜기 등을 하고, 이미지메이킹 자기 관리가 주제라면 미장원 방문하기, 손톱 칠하기, 친구와 화장 놀이 하기, 무대 화장 해 보기 등을, 야외 활동이 주제라면 자연으로 가서 하이킹하기, 꽃이나 새 종류 찾아보기, 구름 모양 관찰하기, 태양 및 달의 변화 관찰하기 등을 할 수 있습니다. 또 우리 지역의 역사를 주제로 문화 역사 유적지를 방문하거나 즐길거리를 주제로 하여 영화 관람, 수영장 가기, 놀이공원 가기 등을 할 수 있답니다.

캐스린 졸리

9 매주 쉬는 날을 만드세요. 그날은 아이가 스스로 일정을 짜게 하세요. 아이는 하루 종일 책을 읽거나 텔레비전을 보거나 방에서 혼자

인형과 놀 수 있습니다. 아이가 자신의 일정과 환경을 스스로 통제할 기회를 주는 겁니다. 이는 아이가 자신의 필요와 원하는 바를 미리 생각하고 선택하는 법을 배우는 데 도움이 되지요.

캐스린 졸리

10 방학 기간에는 어린이들을 위한 영화가 많이 개봉하므로 아이를 영화관에 데려가는 연습을 하기 좋습니다. 처음이면 천천히 시작하세요. 장편 영화보다 짧은 만화영화를 먼저 보는 것이 좋습니다. 무엇보다 중요한 것은 영화관에서 긍정적인 경험을 하고 오는 것임을 잊지 마세요.

신디 오델

해수욕장에 가기

1 가능하다면 갯벌이나 조수간만의 차이가 있는 곳에 가세요. 밀물과 썰물이 들고 나는 물때를 확인하고, 썰물 때에 맞춰 가는 게 좋습니다. 미리 갯벌과 관련된 책을 사서 아이와 함께 본 뒤, 책에 나오는 바다 생물들을 갯벌에서 찾아보세요.

조앤나 키팅-벨라스코

2 아이에게 촉각 방어가 있다면 바닷가에 가기 전에 아이가 모래의 촉감에 거부 반응을 보이지 않도록 촉각 훈련을 하세요. 먼저 모래를 작은 컵이나 양동이에 가득 담고 아이가 손가락부터 시작해 손으로 모래를 만지게 하세요. 반응이 괜찮으면 당신이 모래 속에 발을 넣어 시범을 보이고 따라 하게 하세요. 점점 모래 담는 용기를 큰 것으로 바꾸며 시도하세요. 아이의 반응을 잘 관찰해 가며 시도하고, 천천히 단계를 올리세요.

테리사 카던

3 아이가 할 만한 해양 스포츠나 레포츠를 찾아보세요. 자폐 스펙트럼을 이해하고 아이를 진득하게 가르칠 수 있는 강사를 구해 강습을 받게 하세요. 돈이 좀 들고 노력이 필요하겠지만 아이에게 특별한 선물이 될 수 있습니다.

조앤나 키팅-벨라스코

4 아이와 함께 부두 끝까지 걸어가세요. 벤치에 앉아 갈매기들과 고깃배들이 있는 멋진 바다 풍경과 바닷바람을 즐기고 황홀한 일몰과 노을을 함께 지켜보세요.

조앤나 키팅-벨라스코

5 아이가 자외선 차단제를 바르는 것을 좋아하지 않거나 피부가 예민하다면 자외선 차단 수영복을 입히세요. 챙이 긴 모자를 씌우는 것도 잊지 마시고요. 해변에 가기 몇 주 전부터 아이가 모자를 쓰고 자외선 차단 수영복을 입을 수 있게 연습시키세요.

티파니 풀머

6 자외선과 바람을 차단할 수 있는 파라솔이나 그늘 텐트를 준비하세요. 모래놀이를 하는 아이가 햇볕에 타거나 바람에 날린 모래가 눈에 들어갈 염려가 줄어듭니다.

티파니 풀머

7 베이비파우더 한 병을 가져가세요. 베이비파우더를 모래가 묻은 손과 발에 뿌리고 문지르면 바로 모래가 깨끗이 닦인답니다.

테리사 카던

8 모래성 만들기 세트를 구입해 가서 모래성 도시를 만들어 보세요. 모래성을 지은 뒤 피규어나 자동차 장난감을 가지고 놀게 합니다. 망가져도 되는 장난감을 가져가는 것이 좋겠지요. 아마도 부모님이 아이와 함께 모래 속에 들어가야 할 거예요.

조앤나 키팅-벨라스코

9 깔때기와 물에 흠뻑 젖은 모래를 이용해 모래성을 만들어 보세요. 양동이에 모래를 넣고 물을 아주 많이 넣으세요. 작은 삽이나 숟가락으로 젖은 모래를 퍼서 깔때기에 채워 넣고 모래가 깔대기 구멍으로 뚝뚝 떨어지는 것을 지켜보세요. 아이만의 특별한 모래성을 만들 수 있으며 모래가 뚝뚝 떨어지는 모습을 지켜보는 것 또한 재미있답니다.

티파니 풀머

10 음식과 음료를 넉넉히 챙겨 가세요. 떨어지면 구하러 먼 곳까지 가야 할 수도 있으니까요. 모래사장에 들어가기 전에 미리 화장실에 가는 것도 잊지 마세요. 해변 근처에 화장실이 있다면 가까운 곳에 자리를 잡고 화장실이 어디에 있는지 미리 아이에게 알려 주세요. 그러면 아이가 화장실에 가야 할 때 당황하거나 놀라지 않을 수 있습니다.

테리사 카던

수영 배우기

1 물에서 보내는 시간은 안전하고 즐거워야 합니다. 수영 시간 동안 물에 들어가 있고 싶게 만드는 강화물을 찾으세요. 강화물이 꼭 물놀이 장난감일 필요는 없어요. 많은 아이들이 보글거리는 거품을 좋아하지요. 수영장에 가서 거품 놀이를 하게 해 보세요.

지닌 네스빅

2 물뿌리개는 수영장에서 가지고 놀 수 있는 훌륭한 장난감이 되기도 합니다. 아이와 번갈아 가며 물뿌리개에 물을 채우고 뿌립니다. 아이에 따라 물을 뿌리는 걸 좋아하기도 하고, 반대로 물을 채우는 걸 좋아하기도 합니다. 어른 차례가 되면 아이의 팔, 손, 다리, 마지막에는 머리에 물을 뿌려 주세요. 물이 머리에서 흘러내려 얼굴에 닿게 하는 것은 아이가 물을 편안하게 여길 수 있도록 만들어 주는 방법 중 하나입니다. 처음에는 아이가 싫어할 수도 있습니다. 아이에게 물뿌리개로 물을 뿌려 볼 기회를 바로 주거나 아이가 좋아하는 노래를 불러 주거나 장난감을 갖고 놀게 해 주면서 이 과정을 반복해 주세요.

지닌 네스빅

3 물속에서 세탁기 놀이를 해 보세요. 먼저 세탁 코스입니다. 아이를 바구니에 앉히고 앞뒤로 왔다 갔다 하다가 한 바퀴를 휙 돌리며 "쓱

쓱싹싹 문질러, 문질러!"라고 재미있게 말해 주세요. 다음은 탈수 코스로 아이를 한 바퀴씩 빠르게 돌리기를 반복해 주세요. 마지막은 건조 코스입니다. 바구니에 앉아 있는 아이를 안아서 수면 위로 높이 들었다가 내리기를 합니다. 이때는 아이의 입이나 코가 물에 잠기지 않도록 주의하십시오. 우리가 아이에게 알려 주어야 할 것은 물은 재미있기도 하지만 굉장히 위험하다는 것임을 명심하세요.

지닌 네스빅

4 "이거 해 보자."는 아이들에게 어떤 것을 따라 해 보게 할 때 쓰는 말입니다. 수영을 시작할 때 이 표현을 사용해 게임을 해 보세요. 물 튀기기, 입바람으로 물거품 만들기, 물에 얼굴 담그기 등의 게임을 해 보자는 식으로 말이죠. 게임은 재미있는 것이어야 합니다. 아주 재미난 게임을 하면서 아이가 새로운 시도를 할 수 있게끔 이끌어야 합니다. 예를 들어 아이가 물 튀기기보다 물에 얼굴 담그기 게임을 좋아하지 않는다면, 입바람으로 물거품 만들기부터 시작하세요. 다음에는 손으로 물을 휘젓고 발차기를 해 보고 마지막에 물에 얼굴 담그기를 하는 거예요. 그러고 나서 아이가 좋아하는 물 튀기기와 첨벙거리기를 하는 것이지요. 아이에게 동기가 부여되고, 할 수 있는 능력이 된다면 분명 성공할 거예요.

지닌 네스빅

5 "이거 해 보자." 놀이를 활용해 아이가 풀장 벽을 잡고 물속을 걷게 합니다. 스파이더맨이 되어 보자고 말하면 더 관심을 끌 수도 있겠지요. 아이들은 계단을 좋아하니 입수용 계단에서 몇 발자국 떨어진 지점에서 시작하면 걸어야 하는 동기를 부여할 수 있습니다. 처음 몇 번은 아이를 위해 손을 옮겨 벽을 잡도록 도와주고 점차적으로 도움을 주는 횟수를 줄

이세요. 대부분의 아이들은 벽을 붙잡고 있는 것까지는 할 수 있지만 손을 뻗거나 옆으로 옮겨 잡지 못하니 도와주셔야 합니다. 아이를 다시 벽에 데려다 놓고 당신은 계단 쪽에 있거나 계단에 앉아 계세요. 반드시 아이에게 손이 닿는 거리에 있어야 합니다. 물은 위험하니까요!

지닌 네스빅

6 아이가 입수용 계단이 없거나 손으로 잡을 만한 것이 없는 곳에 들어가면 즉시 아이를 수영장 벽 쪽으로 데려가서 벽을 잡도록 연습시키세요. 그러면 아이는 벽을 잡고 걸어서 계단을 통해 물 밖으로 나갈 거예요. 아이가 물속에 있는 부모에게 점프를 하거나 쪼그리고 앉은 자세로 미끄럼을 타려 할 때에도 마찬가지입니다. 물에 들어간 뒤에 바로 수영장 벽으로 가게 하는 습관을 들이면 부모나 안전 요원이 미처 보지 못한 사이에 아이가 물에 빠졌을 때의 위험을 조금은 줄일 수 있습니다.

지닌 네스빅

7 노래를 사용하여 수영 동작을 익히게 해 보세요. 예를 들어 "노를 저어요 강을 따라서…"로 시작되는 동요 <노를 저어요>와 팔을 젓는 동작을 짝 지어 봅니다. 수영 동작을 배우는 동안 아이가 좋아하는 노래를 불러 주세요. 노래와 수영 동작을 짝 지으면 아이가 다음 동작이 무엇인지 명확하게 떠올릴 수 있으며, 언제 끝날지도 알 수 있습니다.

지닌 네스빅

8 아이가 좋아하는 장난감을 가져와 물 위에 띄워 물보다 장난감에 관심을 갖도록 해 주세요. 아이가 장난감을 물 위에 띄워도 보고 같이 물속에 들어가 보게도 하세요. 무엇을 하든 아이가 재미있으면 됩니다.

자신의 안전지대에만 머무르는 아이라면, 얕은 물에서 점점 깊은 물로 장난감을 멀리 던져 보세요. 만약 아이가 정말 좋아하는 장난감이라면 당신이 장난감을 가지러 가기도 전에 아이가 먼저 손을 뻗을 거예요. 이렇게 하면 아이가 물 위에서 수평 자세 잡기를 쉽게 끝낼 수 있어요. 또한 이 방법은 아이가 부모님 목에 매달려 있는 것보다 장난감을 잡으러 손을 뻗는 데더 집중하게 만든답니다.

지닌 네스빅

9 아이가 좋아하는 것을 최대한 많이 해 주세요. 아이가 자신의 안전지대를 벗어나야 할 수 있는 것들은 약간만 추가하세요. 아이가 새로운 시도를 하거나 노력할 때는 아주 크게 칭찬을 해 주며 강화해 주세요. 그리고 각 활동의 마지막은 항상 재미있는 것으로 하고 너무 빨리 움직이지 못하게 하세요. 물에서 사고가 일어나면 회복되기 어렵습니다. 물속에서는 항상 천천히 움직여서 애초에 사고가 일어나지 않도록 하세요. 혹여나 물속에서 아이에게 어떤 문제가 생겨도 부모님은 절대 당황하는 모습을 보여서는 안 됩니다. 부모의 모습에 아이는 더 놀라게 될 테니까요.

지닌 네스빅

10 아이가 물에서 자유롭게 떠다니는 느낌을 배우는 것은 매우 중요합니다. 하지만 수영을 완벽히 익히기 전까지는 반드시 구명조끼를 착용해 안전에 대비해야 합니다.

• 구명조끼는 다리 사이에 끼우는 벨트가 달린 것이 좋습니다.
• 워터윙은 없는 것이 좋습니다. 워터윙은 몸을 앞으로 쉽게 기울도록 만들어져 아이의 얼굴이 자꾸 물속에 잠기게 됩니다. 안전하지 않지요. 오히려 아이에게 물에 대한 안 좋은 경험을 주니 가급적 사용하지 마세요.

- 아이가 구명조끼 없이 물에서 편안하게 있는 시간을 가진 뒤 구명조끼를 입히세요.
- 수영장에 있는 시간을 구명조끼를 입는 시간과 입지 않는 시간으로 나누어 주세요. 구명조끼를 입고 있는 시간이 길어지면, 구명조끼에 의존하게 되고 구명조끼 없이는 물속에 안 들어가려 할 수도 있기 때문입니다.

지닌 네스빅

미술 놀이와
야외 활동 놀이

1 고유수용성감각 문제가 있는 자폐 스펙트럼 아이들은 자전거를 탈 때 몸의 균형을 유지하기 위한 감각 처리가 어렵습니다. 잔디밭에서 자전거 타는 법을 가르쳐 보세요. 울룩불룩한 지면이 자전거를 타는 데 필요한 균형 감각을 길러 줄 거예요. 게다가 잔디는 포장도로보다 넘어져도 덜 아프답니다!

스티븐 쇼어

2 이웃 아이들을 초대해 장애물 경주를 해 보세요. 줄넘기를 하며 걷거나 뛰어서 넘기, 평균대 건너기, 훌라후프 빠져나오기, 큰 담요 돌돌 말기 등의 활동을 해 볼 수 있습니다. 대근육을 단련하고 사회성 기술을 키우는 데 좋은 시간이 될 것입니다.

테리사 카던

3 감각 훈련과 에너지 발산을 위해 트램펄린을 사용해 보세요. 날씨가 더운 여름에는 트램펄린 아래에 스프링쿨러를 설치해서 아이들이 뛰는 동안 물을 틀어 더위를 식혀 주세요. 스프링쿨러 대신 분사가 되는 호스를 사용하셔도 됩니다. 아이가 트램펄린에서 뛰는 동안에는 트램펄린 아래

에 아무도 들어가지 않도록 각별히 주의를 기울여 주세요.

테리사 카던

4 물 분수대가 있는 곳에 아이를 데려가세요. 분수대가 있는 곳은 아이들이 많이 모이기 때문에 사회적 상호작용을 할 기회가 돼요. 아이가 좋아하는 모양으로 된 분수대를 찾아가면 더 좋지요. 분수대에서 처음 물이 솟구칠 때 아이가 놀라지 않게 하고, 다른 아이들이 어떻게 물놀이를 하는지 지켜보게 하세요. 다른 아이들을 본보기 삼아 아이가 물놀이를 할 수 있습니다.

테리사 카던

5 아이에게 숨바꼭질, 얼음땡, 무궁화꽃이 피었습니다, 수건돌리기 등의 놀이를 가르쳐 주세요. 가능한 한 여럿이 하는 놀이면 좋습니다. 아이가 도움 없이 놀이를 할 수 있을 때까지 연습시키세요. 그런 다음 이웃 아이 한둘을 초대하여 놀이를 해 보고, 점차 인원을 늘려 가세요.

테리사 카던

6 간단히 만들 수 있는 다양한 만들기 재료를 구입하세요. 손재주가 없어도 됩니다. 멋진 만들기 아이디어가 많은 아이의 선생님에게 제공하면 되니까요.

조앤나 키팅-벨라스코

7 만들기 재료들을 다양하게 사용해 보세요. 점토, 핑거 페인트, 파스텔 초크, 크레용, 컬러 풀, 플레이 도우, 포스터 페인트 등 재료는 무궁무진합니다. 아이가 어떤 재료에 흥미를 느끼는지 살펴보세요. 아이가

관심을 갖는 한 가지 재료로 미술 활동을 다양하게 계속해 보게 하세요.

조앤나 키팅-벨라스코

8 아이가 완성한 작품을 벽에 걸거나 전시해 보세요. 아이가 센터나 유치원, 학교에서 만든 것을 집에 가져오면 많이 칭찬하고 격려해 주세요. 그리고 그것들을 소중하게 다뤄 주세요. 친척들에게 연말연시 선물로 아이의 작품을 주는 것도 좋답니다.

조앤나 키팅-벨라스코

9 미술학원에 가서 소수 정원으로 운영하는 수업이 있는지 물어보세요. 수업을 등록할 때 아이에 대해 설명하여 학원으로부터 아이에게 알맞은 지원과 편의를 제공받으세요. 수업 참여 전에 미술학원에서 할 활동을 미리 연습시키세요. 부모님이 수업에 참석할 수 없는 경우에는 아이를 도울 수 있는 친구나 형제자매 등이 수업에 같이 참석하게 하고요.

조앤나 키팅-벨라스코

10 미술공예 작업은 절차와 지시 따르기를 배울 아주 좋은 기회예요. 지역에 있는 미술공예 상점을 찾아가 보세요. 상점에서 공예 수업을 한다면 아이와 함께 참여할 수 있는지 알아보세요. 공예 수업이 없어도 헛일은 아닙니다. 상점에서 다양한 미술공예 활동 아이디어와 정보를 얻을 수 있으니까요. 상점 주인이나 직원에게 도움을 얻어 공예 활동을 위한 시각적 레시피*를 만드세요. 아이가 성공할 수 있도록 돕는 비결은 시각화 비법을 만드는 데 있으니까요.

테리사 카던

캠프

1 큰 지퍼백에 그날그날 입을 반바지, 셔츠, 양말, 속옷 등을 넣어 지퍼백 하나가 옷 한 벌이 되게 챙겨 주세요. 지퍼백에 특정 요일 라벨을 붙여 놓아도 되고, 아무것도 표시하지 않아서 아이 스스로 입을 옷을 선택할 수 있게 해도 됩니다. 지퍼백을 사용하면 가방이나 트렁크에 다른 짐들과 함께 옷을 넣는 것보다 잘 정돈되어 아이가 챙겨 입기 편하답니다.

질 허드슨

2 미리 캠핑 전반에 대해 설명하는 맞춤형 이야기*를 준비합니다. 캠핑에서 할 활동 소개뿐 아니라 다른 캠핑객들과 공동 샤워실이나 화장실을 쓰는 것, 식당에서 함께 식사를 하는 것과 같은 새로운 상황도 포함시켜 이야기를 나누세요.

질 허드슨

3 캠프에 가면 있을 법한 일들에 대해 역할극을 하세요. 익숙하지 않은 샤워기로 샤워를 하거나 집이 아닌 낯선 곳에서 잠을 자는 것 등 아이가 마주할 상황에 대해 연습을 해 보는 거예요. 다양한 상황을 설정해 아이와 역할극을 하면서 사전에 대처 전략을 세워 두면 캠프 참가는 아이에게 좋은 경험이 될 것입니다.

질 허드슨

4 잠자리나 낯선 환경에서 아이를 안심시킬 수 있는 물건을 챙겨 보내세요. 캠프에 참가하는 동안 아이가 집을 떠올리며 편안함을 느낄 수 있는 물건으로요. 단, 캠프에 가져가면 더러워지거나 망가질 수 있으니 신중하게 물건을 선택하세요.

질 허드슨

5 아이가 캠프에 가 있는 날짜만큼 짧은 편지를 써 보세요. 캠프 인솔자에게 편지들을 건네며 매일 휴식 시간마다 아이에게 한 통씩 전달해 달라고 부탁하세요.

질 허드슨

6 아이의 이름을 쓴 일회용 카메라를 챙겨 보내세요. 캠프에 같이 가는 선생님에게 카메라가 있다는 것을 알려서 아이가 카메라를 사용할 수 있게 해 주세요.

질 허드슨

7 단체나 기관에서 하는 캠프 프로그램에 참가한다면, 아이가 침대 옆에 걸어 둘 수 있는 가족사진이나 아이가 좋아하는 것들을 찍은 사진을 준비해 주세요. 아이가 외롭거나 스트레스를 받았을 때에 볼 수 있도록 말이죠.

질 허드슨

8 밤에 아이가 야외에서 손전등을 들고 걷는 연습을 하게 해 주시고, 침실에서도 손전등을 가지고 놀 수 있게 해 주세요.

신디 오델

9 캠프에 가기 전에 침낭에서 잠자는 연습을 시키세요. 미리 연습해 두면 캠핑 첫날 밤을 아무 문제 없이 보낼 수 있습니다. 캠프 준비물로 침낭이 쓰여 있지 않다면, 숙박 시설이 어떤지 확인하고 그에 따라 계획을 세우세요.

신디 오델

10 캠프에 대한 팸플릿이나 이전 캠프의 참가자들이 남긴 후기에서 사진을 구해 아이가 캠프에 가기 전에 볼 사진책을 만드세요. 그러면 아이가 캠프에 갔을 때 일어날 일에 대해 더 잘 알 수 있을 테니까요.

신디 오델

자폐 스펙트럼 아이와 함께하는 일상에는 크고 작은 문제가 늘 있습니다.

문제 상황을 당장 해결해도 일상은 평탄하지 않지요.

이 장에서는 자폐 스펙트럼 아이에게 일상적으로 있어서 익숙하지만

그냥 지나치면 안 되는 중요한 문제들을 다룹니다.

이 비법들을 다양한 상황과 장소에서 적용해 보세요.

늘 있던 사소한 문제가 쌓여 큰 문제가 되지 않도록 여러분을 도와줄 것입니다.

비법을 알고 있으면
마음이 든든하다

부모에게도
도움이 필요하다

1 자폐 스펙트럼 아이를 둔 다른 부모들은 당신의 최고의 동지입니다.
우리 모두는 매일 전쟁터에서 살고 있으며, 우리끼리는 그 어떤 전문
가보다도 서로의 아이를 잘 이해할 수 있습니다. 대면이든 비대면이든 서
로를 지지할 수 있는 모임을 찾고 관계를 맺어 나가세요. 마음에 드는 모임
을 찾을 때까지 계속 노력하고 알아보세요.

멜리사 밴 훅

2 자폐 스펙트럼 아이를 둔 부모들의 자조 모임을 꾸리기 위해 적극적
으로 노력하세요. 어머니들의 모임, 종교 모임, 지역사회나 학교의
소식지 등에 광고를 낼 수도 있고, 사전에 허락을 받아 병원, 치료 센터, 유
치원에 전단지를 배포할 수도 있을 겁니다. 자조 모임을 통해 다른 사람들
은 알 수 없는 자폐 스펙트럼 아이 부모들만의 고민을 함께 나눔으로써 안
정감을 얻을 수 있습니다.

신디 오델

3 자조 모임은 당신과 똑같은 상처와 좌절감을 느끼는 사람들이 모여
서로를 위로해 주기 때문에 매우 중요합니다. 당신은 혼자가 아닙니

다. 당신의 일상을 진정으로 이해하는 사람들과 함께하면 큰 위안을 받을 수 있습니다.

신디 오델

4 자조 모임은 서로 책, 장난감, 감각 활동 도구 등을 공유하고 물물 교환할 수 있는 공동체입니다. 이미 사용해 본 다른 엄마들로부터 실용적인 지식도 많이 얻을 수 있답니다.

테리사 카던

5 만약 당신이 본격적으로 자조 모임에 참석할 준비가 되지 않았다면, 가볍게 SNS로 소통하거나 지역에서 편하게 만날 수 있는 다른 부모들을 찾아보세요. 자폐 스펙트럼 아이를 둔 부모로서의 여정은 길고 굴곡이 많기에 혼자서는 갈 수 없답니다.

테리사 카던

6 아빠도 지원 그룹이 필요합니다. 아빠들끼리 모여 경험을 나누면 큰 도움이 되지요. 아빠들의 모임은 볼링장이나 골프 연습장 같은 곳에서도 열릴 수 있습니다. 어떤 곳에서 어떤 형태로 모임을 갖든 모임을 한다는 자체만으로도 유익하다는 것을 기억하세요.

테리사 카던

7 동네 공원이나 놀이터에서 편하게 만나는 엄마들도 훌륭한 지원 그룹이 될 수 있습니다. 아이들이 놀이터에서 신나게 놀 동안 엄마들은 서로의 이야기를 편안하게 할 수 있으니까요.

신디 오델

8 지원 그룹 모임을 하는 날짜를 매월 고정 스케줄로 잡으세요. 그래야 기억하기 쉽고 모임 참석 준비를 미리 할 수 있으니까요.

신디 오델

9 지원 그룹을 통하면 어떤 치료 기관이 좋고 어떤 치료사들이 자폐 스펙트럼 아이를 잘 치료하는지 알 수 있습니다. 그뿐만 아니라 아이들과 잘 맞는 의사, 헤어 스타일리스트 등을 찾을 수 있습니다.

테리사 카던

10 지원 그룹에서는 인적 네트워킹과 정보를 공유 및 수집할 수 있습니다. 새로운 의사, 치료 약물, 프로그램 등에 대해 매우 유용한 정보를 얻을 수 있고, 짧은 시간에 다양하게 많은 것을 배울 수 있습니다.

신디 오델

시각적 지원
효과적으로 하기

1 하루에 여러 치료를 받는다면 치료사들의 사진을 이용해 아이의 치료 스케줄표를 만들어 보세요. 이렇게 하면 아이가 보다 쉽게 전환을 할 수 있을 거예요.

테리 아나사가스티

2 아이가 하루의 일과를 알 수 있도록 시각적 스케줄표*를 만드세요. 시각적 스케줄표는 부엌이나 거실같이 집의 중앙에 두도록 하세요. 가족 모두 같이 보며 아이의 일과를 함께 해 줄 수 있습니다.

테리사 카던

3 집에서 먼저-다음* 판을 만들어 보세요. 식사 시간, 놀이 시간, 치료 시간 등에서도 사용하세요. 계속 사용하다 보면 아이는 먼저-다음 판으로 알려 주는 일의 차례에 익숙해집니다. 먼저-다음 판을 사용하는 목표는 아이에게 '먼저'와 '다음'이라는 단어가 가리키는 일의 순서 개념을 가르치는 것입니다. 최종적으로는 아이가 먼저-다음 판 없이도 일의 순서를 이해하게 하는 것이 목표입니다.

테리사 카던

4 시각적 지원을 처음 사용할 때에는 아이가 좋아하는 물건이나 활동을 시각적 지원과 짝 지어 긍정적 연관성을 만들어 주세요. 그래야 아이가 흥미를 가져요. 예를 들어 선택판*을 사용하는 처음 몇 번은 아이가 좋아하는 모든 장난감을 시각 자료로 만들어 선택판에 붙이세요.

테리사 카던

5 시각적 지원을 사용하여 아이를 가르칠 때에는 아이가 눈으로 보고 있게만 하지 말고, 아이 손에 시각 자료를 넘겨 주세요. 이렇게 하면 아이가 관심 있는 그림을 직접 손으로 가리키거나 짚어서 자기 의사를 전달할 수 있고, 다른 감각을 사용하여 배울 수도 있습니다.

차리 알라레즈-레이놀즈

6 아이가 언어를 사용할 수 있더라도 시각적 지원은 필요합니다. 시각적 지원은 거의 모든 부분에 도움이 될 수 있습니다. 아이가 어려워하는 활동을 시각적으로 만드는 방법을 찾으세요. 예를 들어, 아이가 한 활동에서 다음 활동으로 전환이 어렵다면, '다 했다' 카드를 만드세요. 아이가 그 카드를 보면 활동이 곧 바뀐다는 것을 알게 될 테니까요. 또 아이가 차례를 기다리는 것이 어렵다면 타이머*를 사용하여 얼마나 기다려야 하는지 보여 줄 수 있습니다. 이런 시각적 지원들은 아이에게 불필요한 긴장감을 줄여 우리 모두를 편안하게 해 줄 것입니다.

테리사 카던

7 당신의 아이에게는 다른 아이들의 사진이 있는 기성 제품 그림 카드는 적합하지 않습니다. 치료사가 순서를 가르치는 데 사용할 수 있도록 아이의 사진을 찍고 코팅해서 순서 학습용 바인더에 넣어 둡니다. 예

를 들어, 양치질하는 순서를 가르친다면 아이가 실제로 칫솔에 치약을 묻히고, 이를 닦고, 헹구는 모습을 사진 찍어 그림 카드로 만드세요. 이 방법은 차에 타기, 옷 입기, 식사하기 등에도 사용할 수 있습니다. 순서 바인더는 아이가 해야 할 일들을 떠올리게 하는 좋은 도구가 될 것입니다.

신디 오델

8 코팅기를 구입하세요. 한 번 사 두면 후회하지 않거든요. 사진을 코팅해서 만든 시각적 지원은 오래 사용할 수 있으니까요.

신디 오델

9 핸드폰으로 아이의 치료사에게 보여 주고 싶은 아이의 행동을 촬영하세요. 특정한 도전 행동을 보일 때나 매우 잘 행동하고 있을 때 촬영하여 치료사에게 보여 주세요. 동영상은 아이가 자신의 행동을 돌아보게 하는 데도 사용할 수 있습니다. 예를 들어, 아이가 친구랑 노는 모습이나 병원에서 의사 선생님을 만나는 모습 등의 동영상을 나중에 다시 보며 이야기를 나눌 수 있습니다. "무엇을 하고 있었어?", "저긴 어디였지?" 또는 "그때 어떻게 느꼈어?"와 같이 물어보면서요.

신디 오델

10 소형 사진 앨범을 많이 사 두세요. 아이가 휴대할 수 있는 맞춤형 이야기* 책으로 딱 좋은 크기니까요. 치과에 갈 때, 장보러 갈 때, 공원에 갈 때 등을 위해 사진을 찍어 두세요. 사진 하단에 스티커를 붙여 아이만의 이야기를 쓰세요. 아이만을 위한 시각적 지원 도서관을 갖게 될 것입니다.

테리사 카던

감각 자극 문제
대처법

1 잠을 자려고 할 때, 몸에 압박이 가해질 수 있도록 해 보세요. 예를 들면, 김밥처럼 아이 몸에 이불을 꼭꼭 말아 주는 거예요. 무게가 나가는 이불을 사용해도 좋습니다.

멀리사 밴 훅

2 낮 동안에 아이가 밖에서 너무 많은 자극을 받았다면, 이제는 집 안에서 아이의 고유수용성감각을 만족시키는 활동을 할 수 있게 준비해 주세요. 예를 들면 트램펄린에서 깡충깡충 뛰기, 그네 타기, 회전의자로 빙글빙글 돌기, 목욕탕 물놀이 등으로 아이가 고유수용성감각을 조절할 수 있게 도와주세요. 촉각에 대한 욕구를 만족시켜 주기 위해서 껌, 젤리, 치발기 등을 씹게 하세요. 모래, 쌀, 마른 콩을 손으로 파헤쳐 보거나, 플레이도우나 촉촉한 모래, 점토 등으로 놀이를 하게 하세요.

멀리사 밴 훅

3 아이가 스트레스 최고 한계치에 도달하면 화를 내거나 동요하거나 불안감, 공포감을 느낀다는 것을 이해하세요. 그리고 신속하게 행동하세요. 약속이 있지만 집에 갈 수 있는 상황이라면 바로 집으로 가세요. 약

속은 다른 날에 다시 잡을 수 있습니다. 하지만 당신의 아이가 혼란 상태에서 멜트다운에 빠진다면, 그것은 당신이 아이의 상태를 제대로 인지하지 못하였거나 아이를 존중하지 않았기 때문입니다. 이런 경험은 부모나 아이 모두에게 매우 좋지 않은 기억으로 남게 될 것입니다. 만약 바로 집에 갈 수 없다면, 조용한 장소를 찾아 아이를 진정시키세요. 만약 집에 손님이 와 있거나 다른 집을 방문하고 있는 상황이라면 아이를 조용한 방으로 이동시키거나 아이가 마음을 진정시키는 활동을 하게 해 주세요. 아이는 대개 15분 정도면 회복되고 다시 활동에 참여할 수 있을 것입니다. 이처럼 아이의 상태를 잘 알아차리고 조절해 준다면 그날 하루를 잘 보낼 수 있을 것입니다. 평상시와 똑같이 가족 모두가 생활하면서요.

멀리사 밴 훅

4 외출 시 아이의 감각 문제가 발생했을 때 부끄러워하거나 당황하지 마세요. 당신이 아이를 돌보기 위해 하는 행동은 정당합니다. 다른 사람에게 먼저 설명하고 허락받아야 할 필요가 없습니다. 주변 사람들에게 피해를 주지 않도록 노력하면서 아이에게 최선을 다하세요. 타인의 주목을 받는 상황에 놓이는 것을 두려워하지 마세요. 누군가가 당신을 비난하는 눈길로 쳐다보며 "아이의 버릇을 당장 고치셔야죠!"라고 말한다면, 그저 가볍게 미소를 지으며 이렇게 말하세요. "오늘은 조금 힘든 날일 뿐이에요. 자폐는 이보다 더 어려울 때가 많거든요."

멀리사 밴 훅

5 아이가 있는 공간에서 최대한 시각적 자극을 줄여 보세요. 창문, 문또는 통로 옆에는 절대 아이를 앉히지 마세요.

제니 클라크 브랙

6 아이가 과한 자극을 받았을 때는 잔잔한 조명과 폭신한 쿠션이 있는 구석 자리에서 책을 읽거나 쉴 수 있게 해 주세요.

제니 클라크 브랙

7 노출, 노출, 노출! 많이 어렵고 당황스러우며 심지어 고통스러울 수도 있지만, 아이가 어렵고 힘든 일에 더 많이 노출될수록, 아이는 점차 더 잘 적응할 것입니다.

신디 오델

8 튜브로 된 작은 풀장을 구입하여 실내에 두세요. 그 안을 콩, 쌀, 모래, 깃털, 파스타 면 또는 아이가 좋아하는 것들로 채우세요. 다양한 촉감을 경험하게 할 수 있는 좋은 방법입니다. 단, 바닥이 지저분해질 수 있으니 작은 풀장 아래에 비닐을 미리 깔아 두세요.

테리사 카던

9 아이가 움직임에 민감하지 않다면, 감각 자극을 많이 줄 수 있는 장난감을 이용하세요. 그네, 트램펄린, 회전의자, 스케이트보드 등은 아이에게 필요한 움직임들을 많이 경험하게 하여 아이의 감각 체계가 잘 갖춰질 수 있도록 도와줄 것입니다.

테리사 카던

10 집 어딘가에 담요, 쿠션, 베개, 인형 등으로 아늑한 구석 자리를 만드세요. 아이는 차분하고 조용한 공간에서 편안함을 찾을 수 있을 거예요.

테리사 카던

부모를 위한
추가적인 도움말

이 책의 주제 목록에는 포함되지 않으나 너무 좋은 조언들이기에 꼭 넣어야 할 것들을 모았습니다.

1 옷을 고를 때 요즘 유행하는 패션을 염두에 두세요. 아이는 자신의 옷차림에 관심을 갖지 않지만 유행이 지난 옷차림 때문에 사회적인 어려움을 겪을 수 있습니다. 좋든 싫든 유행은 시대의 흐름이고, 유행이 지난 스타일은 시대에 뒤떨어진 것으로 여겨져 소외당할 수 있으니까요.

조앤 클라크

2 비타민이 잘 흡수되게 하려면, 반으로 잘라서 사용하는 것이 좋습니다. 주스나 땅콩버터에 넣으면 쉽게 먹을 수 있지요.

테리 아나사가스티

3 딸아이가 생리를 시작했다면 아이와 함께 가게에 가서 개인용품을 넣을 똑같은 가방을 두 개 고르게 하세요. 하나는 학교용이고 다른 하나는 가정용입니다. 생리대를 교체하는 단계에 대한 그림 또는 단어 차트를 만들고, 여분의 속옷, 생리대, 물티슈 그리고 아이가 도움을 요청할 수

있는 도움 카드*를 만들어 가방에 넣어 주세요.

조앤나 키팅-벨라스코

4 "규모가 큰 대학이 좋을까요, 작은 대학이 좋을까요?" 하고 질문하는 부모들이 많습니다. 대학을 선택하는 것은 자폐 스펙트럼 학생이나 비장애 학생이나 동일합니다만, 한 가지 더 살펴야 할 것이 있습니다. 학교가 자폐 스펙트럼 학생에게 필요한 지원을 제공할 수 있는지 꼭 문의해 봐야 합니다. 대학은 교육을 위한 사업을 하는 곳이지 재활 기관이 아닙니다. 그래서 대학 진학이 꼭 필요한지 다시 한번 고민해 보세요.

스티븐 쇼어

5 자폐 스펙트럼 아이뿐만 아니라 그 누구에게든 죽음에 대해 설명하는 것은 어렵습니다. 아이는 가까운 가족이나 친구의 죽음을 접하고 화가 나서 언어적으로나 행동적으로 공격성을 보일 수 있습니다. 아이에게 죽음과 장례에 관한 프로그램이나 영화를 보여 주면 이해에 도움이 될 수 있습니다. 또한 아이에게 누군가의 죽음은 너의 잘못이 아니며 이제 그 사람은 다시 돌아올 수 없다는 것을 알게 해 주어야 합니다.

수전 모리스

6 믿을 만하고 아이와 좋은 관계를 맺길 바라는 친척 또는 이웃의 10대 아이를 찾으세요. 도움이 필요한 순간에 아이와 친한 사람이 있다면 당신의 부담을 덜 수 있습니다. 그들은 아이 돌보미가 되어 줄 수 있고, 당신이 쉬고 싶을 때 도움을 줄 수도 있습니다. 실제로 도움이 필요한 순간이 오기 전에 그런 사람을 찾아 친하게 지내면 좋습니다.

테리사 카던

7 자폐 스펙트럼에 대한 정보가 너무 많아서 아이에게 어떤 치료와 접근 방식이 좋은지 구별하기가 어렵습니다. 새로운 치료를 시작하기 전에 아래의 질문을 통해 스스로 확인해 보세요.

1. 연구에 기반한 치료법인가?

2. 치료법이 안전하다고 느끼고 이해가 되는가?

3. 비용이 천문학적으로 많이 드는가?

4. 치료를 지도하는 훈련된 전문가가 있는가?

5. 치료 방식을 너무 자주 변경해서 효과가 나타날 시간이 충분하지 않았던 것은 아닌가?

테리사 카던

8 개인 안전에 대해 가르치세요. 포옹과 뽀뽀를 해도 되는 사람과 안 되는 사람을 알려 주고, 돈을 간수하는 법, 스마트폰이나 인터넷을 이용할 때 개인 정보를 지키는 법, 모르는 사람이 다가오거나 따라오는 느낌이 들 때 해야 할 일들을 가르쳐 주세요.

다이앤 안드레온

9 식사하는 동안 "알아맞혀 봐!" 같은 간단한 게임으로 아이에게 테이블에 둘러앉은 사람 중 특정한 사람을 찾게 합니다. 매일 다른 특성을 찾아서 테이블의 모든 사람을 설명하도록 합니다.

신디 오델

10 중고 가게나 재활용 가게에 자주 들르세요. 집에서 쓸 만한 물건을 사고, 많으면 학교 등에 기부할 수도 있습니다.

조앤나 키팅-벨라스코

나오며

여러분도 다른 부모를
돕는 길라잡이가
될 수 있습니다

이 책에 나온 비법들이 여러분과 가족에게 도움이 되었기를 바랍니다. 이 책은 수많은 사람들의 생각과 경험의 결실입니다. 도와주신 모든 분들에게 진심으로 감사합니다. 우리가 자폐 스펙트럼 공동체로 함께 모여서 무언가를 해냈다는 것은 정말 대단한 일입니다.

자폐 스펙트럼 아이의 가족과 전문가가 발견한 놀라운 비법과 전문 지식은 이 책 한 권에 모두 포함될 수 없습니다. 여러분에게도 특별한 비법이 있을 것이고, 책을 읽으면서 여러분이 새롭게 생각해 낸 전략도 있을 것입니다. 귀하의 비법과 전략 등은 다음 책을 만드는 데 도움이 될 수 있으므로 teresa.cardon@gmail.com으로 보내 주십시오. 당신이 매일 아이와 함께 사용하는 비법과 전략이 다른 사람을 돕는 새로운 길라잡이가 될 것입니다.

- 우리는 자폐 스펙트럼 아이가 있는 가족입니다.

차리 알라레즈-레이놀즈 Chari Alvarez-Reynolds
자폐 스펙트럼인 네 살 아이의 엄마입니다.

테리 아나사가스티 Terri Anasagasti
자폐 스펙트럼인 세 살 아들과 평범한 다섯 살 딸을 둔 엄마입니다.

제이미 블런트 Jamie Blunt
비언어 자폐 스펙트럼인 다섯 살 아들을 포함한 두 아이의 엄마입니다.

베키 본호프트 Becky Bornhoft
자폐 스펙트럼인 여섯 살 아들을 포함한 두 아이의 엄마입니다.

린 스턴 페이제스 Lynne Stern Feiges
변호사이자 작가 그리고 두 아이의 엄마입니다. 함께 자란 삼 형제 중 둘이 자폐 스펙트럼을 가지고 있습니다. 《형제자매 이야기: 자폐 스펙트럼 형제자매와의 삶에 대한 성찰Sibling Stories: Reflections on Life with a Brother or Sister on the Autism Spectrum》의 공동 저자입니다.

제니퍼 프란센 Jennifer Frandsen
자폐 스펙트럼인 여섯 살 여자아이의 엄마이자 간호사입니다.

미셸 포메로이 Michelle Pomeroy
자폐 스펙트럼을 포함해 특별한 도움을 필요로 하는 세 아이의 지지자이자 헌신적인 이모입니다.

수전 모리스 Susan Morris
전문 간호사이며 세 아들을 둔 엄마입니다. 세 아들 중 한 아이가 자폐 스펙트럼입니다.

프래더 해럴 Prather Harrell
자폐 스펙트럼인 세 살 아이를 포함한 세 아이의 엄마입니다. 생활변화 코치로 활동하고 있습니다.

레나타 어빙 Renata Irving
교육자이며 활동가이자 자폐 스펙트럼인 10대 아이의 엄마입니다.

캐스린 졸리 Kathryn Jolley
1남 3녀의 엄마이며, 그중 한 아이가 자폐 스펙트럼입니다.

리사 키건 Lisa Keegan
자폐 스펙트럼인 열 살 딸과 평범한 일곱 살 아들의 엄마입니다.

리사 리버먼 Lisa Lieberman
사회복지학 석사를 마치고, 심리치료를 하는 임상 사회복지사입니다. 리사의 아들 조던은 자폐 스펙트럼인 유쾌한 청년으로 고등학교 3학년입니다. 《우리 중에 "낯선 사람": 자폐 스펙트럼 장애 또는 기타 신경학적 차이가 있는 아이를 위해 가정에서 할 수 있는 지원 찾기A "Stranger" Among Us: Hiring In-Home Support for a Child with Autism Spectrum Disorders or Other Neurological Differences》의 저자입니다.

월리스 A. 심프슨 Wallis A. Simpson
두 아들, 제시와 앤드루의 엄마입니다. 앤드루는 네 살 때 자폐 스펙트럼이라는 진단을 받았다가 일곱 살 때 아스퍼거증후군으로 다시 진단받았습니다. 《내 아들 앤드루: 자폐 스펙트럼 장애를 가진 아이와 매일매일 함께 사는 것My Andrew: Day-to-Day Living with a Child with an Autism Spectrum Disorder》의 저자입니다.

신디 오델 Cindy O'Dell
세 아들의 엄마입니다. 그중 한 아이가 자폐 스펙트럼입니다.

헤더 매크래컨 Heather McCracken
세 아이의 엄마이며, 그중 한 아이가 자폐 스펙트럼 진단을 받았습니다. 헤더는 자폐 스펙트럼 아동들의 사회성 향상을 위한 협회인 '친구와 함께 사회학습협회(Friend 2 Friend Social Learning Society, www.friend2friendsociety.org)'의 설립자이자 전무이사입니다. 또한 《그것이 나와 다른 점이다! 다른 아이들이 자폐증 스펙트럼 장애를 이해하도록 돕기That's What's Different About Me! Helping Children Understand Autism Spectrum Disorders》의 저자입니다.

에이미 미센식 Amy Misencik
자폐 스펙트럼인 다섯 살 아이의 엄마입니다.

티파니 풀머 Tiffany Fullmer

두 아이를 키우는 싱글맘이며, 아스퍼거증후군인 성인 남동생이 있습니다. 전문 마사지 치료사로 일하고 있습니다.

홀리 레이크래프트 Holly Reycraft

자폐 스펙트럼인 열 살 아이의 엄마입니다. 교육학 석사를 받고, 특수교육 상담자로서 9년 동안 학교에서 일했습니다.

크리스티 사카이 Kristi Sakai

남편과 함께 미국 오리건주의 한 농장에서 모두 자폐 스펙트럼 진단을 받은 세 아이와 살고 있습니다. 크리스티는 미국자폐협회가 2006년 가족·사회 부문 '올해의 우수 문학 작품'으로 선정한 《아스퍼거 패밀리가 사는 법》의 저자입니다.

조시 산토마우로 Josie Santomauro

오스트레일리아 브리즈번에 살고 있으며, 아스퍼거증후군 아들을 두었습니다. 조시는 작가로 활동하며 자폐 스펙트럼과 관련된 책을 여러 나라에서 출판했습니다. 《우주 여행자: 우주 안내 매뉴얼Space Travelers: Space Guide Manual》, 《아스퍼거 다운로드: 아스퍼거증후군 문제 해결에 도움 되는 10대 남자 청소년을 위한 가이드Asperger Download: A Guide to Help Teenage Males with Asperger Syndrome Trouble-Shoot》 등 많은 책을 공저했습니다.

멀리사 밴 훅 Melissa Van Hook

자폐 스펙트럼인 두 소년의 엄마이며, 이스트벨리 자폐 네트워크(EVAN; East Valley Autism Network)의 창립 멤버이자 공동 대표입니다.

스티븐 쇼어 Stephen Shore

스티븐은 두 살 때 '뚜렷한 자폐 성향으로 인한 비전형적 발달'이라는 진단을 받았고, 너무나 중증이어서 시설에 머물 것을 권고받았습니다. 그러나 현재 스티븐은 음악치료 교수로서 세계를 누비며 자폐 스펙트럼에 대해 강연하고 있습니다. 《벽을 넘어서: 행복을 찾은 어느 자폐인의 이야기》의 저자이며 《묻고 답하기: 자폐 스펙트럼에 있는 사람들을 위한 자기 옹호 및 공개에 대하여Ask and Tell: Self-Advocacy and Disclosure for People on the Autism Spectrum》의 편집자이기도 합니다.

케이티 라이드 Katie Wride

자폐 스펙트럼인 아이 한 명과 비장애 아이 세 명을 키우는 엄마로, 자폐 스펙트럼 장애 옹호인입니다.

▪ 우리는 자폐 스펙트럼 아이와 부모를 지원하는 전문가입니다

지닌 네스빅 Jeanine Nesvik
자폐 스펙트럼 아이들을 위한 수영 강사이자 중재자입니다.

테리사 카던 Teresa Cardon
언어병리학자이며, 애리조나주립대학의 연구 교수입니다.《감정을 이야기하자Let's Talk Emotions》
와《시작과 상호작용Initiations and Interactions》등의 저자입니다.

다이앤 안드레온 Diane Adreon
마이애미대학교의 부책임자, 노바사우스이스턴대학교 자폐 및 관련 장애 센터의 부소장입니다.
《아스퍼거증후군과 청소년기: 성공적인 학교생활을 위한 실용적인 해결책Asperger Syndrome
and Adolescence: Practical Solutions》과《효과가 있는 간단한 전략!: 아스퍼거증후군, 고기능 자
폐 및 관련 장애 학생의 모든 교육자를 위한 유용한 방법Simple Strategies That Work!: Helpful
Hints for All Educators of Students with Asperger Syndrome, High-Functioning Autism, and Related
Disabilities》의 공동 저자이기도 합니다.

에이미 빅슬러 코핀 Amy Bixler Coffin
오하이오 자폐 및 저발병 장애 센터(OCALI)의 자폐증 교육 관리자입니다. 또한《안과 밖에서: 자폐
스펙트럼 장애 아동이 지역사회에 참여할 수 있도록 준비하기Out and About: Preparing Children
with Autism Spectrum Disorders to Participate in Their Communities》의 공동 저자입니다.

카리 던 부론 Kari Dunn Buron
33년 동안 공립학교에서 특수교육 교사로 일하다 은퇴했습니다.《자폐아동과 숫자로 대화하는
5점 척도》의 공동 저자이며,《자폐 스펙트럼에 대해 배우는 사람들: 높은 자격 수준을 갖춘 교육
자를 준비한다Learners on the Autism Spectrum: Preparing Highly Qualified Educators》의 공동 편
집자입니다. 또한《내 걱정이 너무 커지면!When My Worries Get Too Big!》,《5는 법에 어긋난다!A
5 Is Against the Law!》등의 저자입니다.

조앤 클라크 Joan Clark
공립학교에서 경력을 쌓아 온 언어병리학자입니다. 자폐 스펙트럼 소년을 주인공으로 한《앤 드
루 잭슨Ann Drew Jackson》과《잭슨 홀 와이오밍Jackson Whole Wyoming》의 작가입니다.

글렌다 퍼지 Glenda Fuge
석사 학위를 받은 작업치료사입니다.《놀이의 길!: 감각 통합 및 통합 놀이 그룹Pathways to Play!:
Combining Sensory Integration and Integrated Play Groups》의 공동 저자입니다.

캐럴라인 레빈 Caroline Levine

전직 교사로 현재는 아이들을 위해 글을 쓰고, 지역 대학에서 공부하며 자폐 스펙트럼 아이들을 가르치고 있습니다. 《제이는 외계인을 키우고 있다Jay Grows an Alien》의 저자입니다.

질 허드슨 Jill Hudson

아동 생활 전문가로서 병원에 대한 두려움과 불안을 가진 아동의 심리에 초점을 맞춰 정서를 안정시키고, 아동과 가족이 병원 생활, 질병, 장애에 대처할 수 있게 돕고 있습니다. 《안과 밖에서: 자폐 스펙트럼 장애 아동이 지역사회에 참여할 수 있도록 준비하기Out and About: Preparing Children with Autism Spectrum Disorders to Participate in Their Communities》의 공동 저자이며, 《성공을 위한 처방: 의료 환경에서 자폐 스펙트럼 장애 아동 지원Prescription for Success: Supporting Children with Autism Spectrum Disorders in the Medical Environment》, 《오두막, 카누 그리고 캠프파이어: 자폐 스펙트럼 장애 아동을 위한 캠프 설립 지침Cabins, Canoes and Campfires: Guidelines for Establishing a Camp for Children with Autism Spectrum Disorders》의 저자입니다.

미셸 워커 Michele Walker

교육심리학 석사 학위를 받고 지역사회의 다른 사람들뿐만 아니라 자신의 아이들을 위한 연구 및 개발 서비스를 제공하기 위해 여러 분야에서 많은 노력을 기울여 왔습니다. 《비비주얼스 초이스워크(역주: 일상의 일과를 시각적인 자료를 통해 인지하도록 한 것) 시스템BeeVisual's Choiceworks™ System》의 저자입니다.

줄리안 힐록 Juliane Hillock

애리조나주 메사에 있는 메사공립학교의 특수교육 교사입니다.

민디 스몰 Mindy Small

자폐 스펙트럼 장애 서비스 코디네이터입니다. 《매일의 해결책: 자폐 스펙트럼 장애를 가진 아동의 가족을 위한 실용적인 지침Everyday Solutions: A Practical Guide for Families of Children with Autism Spectrum Disorders》의 저자입니다.

조앤나 키팅-벨라스코 Joanna Keating-Velasco

자폐 스펙트럼인 모든 이들을 위한 프로그램의 교육 보조자(독립 촉진자)입니다. 《A는 자폐증, F는 함께하는 친구A Is for Autism, F Is for Friend》, 《신발 속에: 자폐증으로의 짧은 여행In His Shoes: a Short Journey Through Autism》의 저자입니다.

폴라 클루스 Paula Kluth

컨설턴트이자 교사, 작가, 지지자이며 독립적으로 연구를 하는 학자입니다. 《"당신은 이 아이를 사랑하게 될 거예요!": 통합 교실에서 자폐증이 있는 학생들을 지도하기"You're Going to Love This Kid!": Teaching Students with Autism in the Inclusive Classroom》의 저자입니다.

헌터 마나스코 Hunter Manasco

자폐와 신경성 의사소통 장애를 전문으로 연구하는 언어병리학자로 사우스앨라배마대학에서 박사 학위 과정을 밟고 있습니다. 《A로 가는 길: 자폐 스펙트럼 및 기타 신경 장애를 가진 아동의 공격성과 떼쓰기 행동을 모니터링하고 대체할 수 있도록 도와주기The Way to A: Empowering Children with Autism Spectrum and Other Neurological Disorders to Monitor and Replace Aggression and Tantrum Behavior》의 저자입니다.

샤론 헤이즈 Sharon Hayes

피닉스 고기능 자폐 및 아스퍼거 지원 네트워크의 공동 설립자입니다.

제니 클라크 브랙 Jenny Clark Brack

소아 작업치료사입니다. 스리레이크 교육협동조합에서 일하고 있으며 '제니의 아이들'이라는 소아 치료실을 운영하고 있습니다. 또한 《움직이는 법을 배우고, 배우기 위해 움직인다: 감각운동 유아 활동 주제Learn to Move, Move to Learn: Sensorimotor Early Childhood Activity Themes》와 《감각 처리 장애: 부모, 선생님, 치료사를 위한 시뮬레이션과 해결책Sensory Processing Disorder: Simulations & Solutions for Parents, Teachers, and Therapists》의 저자입니다.

앤서니 코우트소프타스 Anthony Koutsoftas

음성언어병리학자이자 언어치료 전문가로 개별 치료도 진행하고 있습니다.

패멀라 울프버그 Pamela Wolfberg

샌프란시스코주립대학의 특수교육학과 부교수로서 자폐 스펙트럼 대학원 과정을 개발하였습니다. 또래 관계, 놀이, 아동 문화, 사회적 포용 분야에서 자폐 스펙트럼 아이들을 지원하는 데 초점을 맞춰 연구 및 임상을 진행하고 있습니다. 《또래 놀이와 자폐 스펙트럼Peer Play and the Autism Spectrum》의 저자이자 《자폐 스펙트럼에 관한 학습자: 훌륭한 자격을 갖춘 교육자가 되기 위해 준비할 것Learners on the Autism Spectrum: Preparing Highly Qualified Educators》의 공동 편집자입니다.

브렌다 스미스 마일스 Brenda Smith Myles

지구라트 그룹의 컨설턴트입니다. 지구라트 그룹은 미국 텍사스주 댈러스에 있는 병원으로, 자폐 스펙트럼 장애인을 위한 평가 및 중재 서비스를 전문으로 합니다. 2004년 미국자폐협회로부터 우수 전문가상과 2006년 프린스턴 펠로십상을 받았습니다. 《아스퍼거 증후군: 성공적인 통합교육을 위한 전략》, 《자폐스펙트럼장애: 특징과 효과적인 전략》, 《자폐아동 및 청소년 교육》 등 아스퍼거증후군과 자폐 스펙트럼에 관한 수많은 저서를 썼습니다.

전략 및 개념 용어 ㄱㄴㄷ

자폐 스펙트럼 아이를 소개하는 편지

그림 기호

문장이나 문구에 나오는 단어의 의미를 쉽게 이해하도록 단어를 그림과 함께 나타낸 기호입니다.

가족

단서 카드

특정한 상황이나 장소에서 무엇을 말하고, 어떻게 행동할지 아이가 상기할 수 있도록 돕는 시각적 지원 카드입니다. 단서 카드는 낯설거나 불편한 환경에서 불안을 느껴 언어적 반응을 하기 어려운 아이들에게도 사용할 수 있습니다.

도서관에서 지켜야 할 규칙

1. 실내에서 조용히 말하기

2. 책은 한 번에 한 권씩만 보기

3. 다 읽은 책은 제자리에 가져다 놓기

도움 카드

아이가 도움이 필요할 때에 사용할 수 있는 그림이나 글자로 된 카드입니다. 카드를 사용해야 하는 때를 여러 번 반복해 알려 줘서 아이가 스스로 카드를 사용할 수 있게 합니다.

도와주세요!

또래 지원망 프로그램

친구를 사귀는 데 어려움을 겪는 아이들을 지원하는 프로그램입니다. 자폐 스펙트럼 아동과 비장애 아동이 우정을 발전시키고 서로 사회적으로 상호작용을 하는 법을 배울 수 있도록 지원합니다.

맞춤형 이야기

새로운 상황이 예정되어 있을 때 아이가 미리 예측할 수 있도록 만든 이야기입니다. 아이 개개인에게 맞춰진 이야기는 아이들이 변화와 새로운 상황에 대비하도록 도와줍니다. 예를 들어, 아이가 비행기를 탄다면 공항과 비행기 안에서 일어날 일을 아이 맞춤형으로 설명해 주는 이야기가 적합하겠지요. 아이의 연령과 기능 수준에 맞게 조정해 그림을 넣을 수도 있습니다.

다음 주에 할머니 댁에 갈 때, 우리는 비행기를 탈 거예요. 그날은 아침 일찍 일어나 차를 타고 공항으로 갈 거예요. 주차 후에는 공항까지 작은 버스를 타고요. 공항에 도착하면 탑승 수속을 위해 줄을 서고 우리 여행 가방을 어떤 사람들에게 줄 거예요. 가방은 비행기에서 내리면 다시 찾을 수 있어요. 탑승 수속을 마치고 비행기를 타기 전까지 공항에서 잠시 기다려야 해요. 하지만 걱정하지 말아요. 기다리는 동안 읽을 책과 들을 음악도 챙겨 갈 테니까요. 물론 간식과 마실 것 등도 가져갈 거고요.

먼저-다음 카드 혹은 보드판

간단하지만 매우 효과적인 시각적 지원 방법입니다. 폼 보드를 너무 크지 않게 잘라 중앙에 선을 그립니다. 중앙선의 왼쪽에 '먼저', 오른쪽에 '다음'이라고 쓴 글자를 배치합니다. 먼저-다음 보드판 위에 실물을 올려놓고 아이에게 먼저 일어날 수 있는 일과 다음에 일어날 수 있는 일은 무엇인지 직접 보여 주세요. 행동 모습 사진이나 그림을 보드판 위에 올려놓고 일의 순서를 알려 줄 수도 있습니다.

보상 차트

아이가 보상을 받기 위해 얼마나 잘하고 있는지를 보여 주는 시각적 지원 방법입니다. 부모님이 확인 표시나 스티커 붙이기를 할 수 있게 칸을 만들고, 칸을 다 채우면 무엇을 얻는지 알 수 있게 그림이나 사진을 넣으세요. 마지막 칸을 채우면 아이에게 정해진 보상을 주세요.

선택판

주어진 시간 안에 어떤 것을 선택해서 할 수 있는지 아이에게 알려 주는 시각적 지원 방법입니다. 선택판은 글자와 그림이나 사진을 함께 넣어 만들거나 혹은 글자만으로도 만들 수 있습니다.

순서도

해야 하는 일의 순서를 시각적으로 표현해 놓은 것입니다. 손 씻기 같은 간단한 일의 짧은 순서는 물론 하루 일정 같은 긴 순서도 만들 수 있습니다.

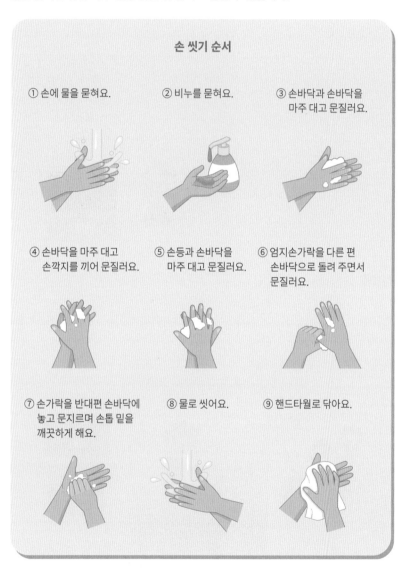

손 씻기 순서

① 손에 물을 묻혀요.

② 비누를 묻혀요.

③ 손바닥과 손바닥을 마주 대고 문질러요.

④ 손바닥을 마주 대고 손깍지를 끼어 문질러요.

⑤ 손등과 손바닥을 마주 대고 문질러요.

⑥ 엄지손가락을 다른 편 손바닥으로 돌려 주면서 문질러요.

⑦ 손가락을 반대편 손바닥에 놓고 문지르며 손톱 밑을 깨끗하게 해요.

⑧ 물로 씻어요.

⑨ 핸드타월로 닦아요.

시각적 레시피

행동 순서, 사건 순서 등에 대한 그림을 제공하여 아이가 처음부터 끝까지 주어진 과정을 볼 수 있게 만드는 시각적 지원 방법입니다. 공예품을 만드는 경우, 미리 부모님이 처음부터 끝까지 만들어 보면서 과정마다 사진을 찍으세요. 각 사진마다 순번을 매기고 각 단계에 대한 설명을 적습니다. 시각적 레시피는 아이가 공예품을 다 만든 뒤에도 활용 가능합니다. 아이가 자기가 했던 경험을 떠올리며 시각적 레시피를 순서대로 놓아 볼 수 있습니다. 아이가 레시피를 순서대로 놓은 뒤, 예전에 했던 활동에 대해 과거 시제로 이야기하도록 도와주세요. 순서를 섞어 놓고 아이가 스스로 올바른 순서로 놓도록 시켜 보세요.

1. 주황색, 녹색, 보라색 물감으로 색칠한 아이스바 막대기 12개,
　　원 모양으로 자른 연두색, 노란색, 검은색 색지, 눈알 스티커 3쌍을 준비해요.

2. 아이스바 막대기를 겹쳐서 목공용 접착제로 붙여요.

3. 막대기 위에 원 모양 색지를 붙여요.

4. 눈알 스티커를 붙여요.

시각적 스케줄표

시간대별로 할 일들을 표현한 시각적 지원 방법입니다. 시곗바늘이 있는 시계 그림, 시간 표시, 할 일을 표현한 그림, 할 일 등으로 구성할 수 있습니다.

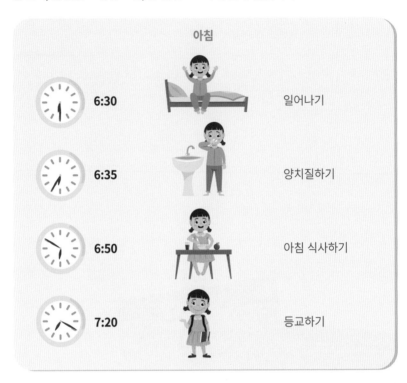

차례 바꾸기 카드

게임을 하는 아이들의 사진을 붙이거나 이름을 쓴 카드로, 자기 순서가 언제인지 알려 주기 위해 씁니다. 먼저 각 아이들의 사진을 3×5 크기의 카드로 만듭니다. 게임을 할 차례의 아이 사진 카드만 바로 놓고, 나머지 카드는 모두 뒤집어 놓으세요. 그러면 아이가 자기 차례일 때와 기다려야 할 때를 시각적으로 명확히 알 수 있습니다. 또, 별도로 사진 카드를 만들지 않고 '내 차례'라고 쓴 카드를 만들어 차례가 되었을 때 카드를 주는 방법도 있습니다.

타이머

자폐 스펙트럼 아이가 시간을 기다려야 하는 상황에서 유용합니다. 시간의 흐름을 시각적으로 보여 주는 모래시계, 태엽시계, 초읽기 앱 등을 타이머로 사용하세요. 빨간색 음영 영역을 사용하여 설정된 시간(분)을 카운트다운 할 수 있는 것이면 더 좋습니다. 시중에 비주얼 타이머가 많으니 찾아보세요.

카운트다운

활동을 할 때에 숫자를 5, 4, 3, 2, 1로 거꾸로 세는 방식으로 남은 시간을 알려 줘 아이가 기다리는 것을 쉽게 할 수 있게 도와줍니다. 띠에 왼쪽부터 숫자를 쓰고, 큰 수에서 작은 수의 순서로 세면서 숫자를 지우거나 가위표를 해 시각적으로 보여 줍니다.

파워 카드

아이의 특별한 관심을 동기로 사용하여 아이가 올바른 결정을 내리고 행동하는 데 필요한 정보를 제공하는 카드입니다. 다음 샘의 사례를 참고하여 목적에 맞게 파워 카드를 만들어 사용하세요.

> 샘은 아스퍼거증후군 진단을 받았으나 지능이 매우 높은 6학년 학생이었습니다. 샘은 하버드대학교에 가겠다는 꿈이 있었고, 이 꿈에 대해 자주 이야기했습니다. 샘은 매우 똑똑했지만, 조직화하는 전략은 거의 개발되지 않았습니다. 특히 학교 수업에서 필수적으로 수행해야 하는 것에 대해서 관심이 없어서 과제를 제때 제출하지 못하는 경우도 많았습니다. 샘의 어머니는 샘에게 조직화 전략을 가르쳐 주고자 파워 카드를 만들어 샘에게 주었습니다.

> **1.** 공책을 가져가고 숙제를 모두 달력에 적어 놓는다.
>
> **2.** 모르는 것이 있으면 물어본다.
>
> **3.** 과제를 부분 부분으로 나누고, 각 부분별로 끝내야 할 날짜를 정한다. 끝내야 하는 날짜를 달력에 모두 적어 놓고 과제를 제출해야 할 기한도 표시해 놓는다.

휴식 카드

아이가 짧은 휴식이 필요할 때에 사용할 수 있는 그림이
나 글자로 된 카드입니다. 카드를 사용해야 하는 때를 여
러 번 반복해 알려 줘서 아이가 스스로 카드를 사용할 수
있게 합니다.

쉬고 싶어요!

5점 척도

아이가 느끼고 생각하는 자신의 상태를 구체적이고 시각적인 숫자 체계를 사용하여
숫자로 그 척도를 표시할 수 있게 도와주는 방법입니다. 카리 던 부론과 미치 커티스
가 쓴 《자폐아동과 숫자로 대화하는 5점 척도》를 참고하고, 구체적인 척도 항목들은
아이의 의견을 반영하여 만들도록 하세요.

1 말하지 않기
다른 사람들이 잠잘 때 말하지 않는 것과 같음.
어른이 무언가를 가르쳐 줄 때 말하지 않고 들을 때와 같음.

2 조용히 말하기
늦은 밤에 말할 때나 도서관에 있을 때의 목소리 크기와 같음.
부드럽게 말하는 목소리임.

3 적당한 목소리로 말하기
평상시 대화하는 목소리와 같음.
형제자매와 놀거나 이야기할 때의 목소리 크기.

4 크게 말하기
자동차 안에서 시끄러울 때와 같음.
실외에서만 사용하기.

5 외치기
자동차 안에서 너무너무 시끄러울 때와 같음.
비상시에만 사용하기.

자폐 스펙트럼 아이를 소개하는 편지

다음은 케이티 라이드와 샤론 헤이즈가 기고한 스카우트 지도자, 코치, 담임 선생님, 특수교육실무사 등에게 자폐 스펙트럼 아이를 소개하는 편지의 예시입니다.

자폐 스펙트럼인 우리 아이에 대해서

안녕하세요, 선생님. (아이의 이름)의 부모입니다. 저희 아이는 자폐 스펙트럼 진단을 받았는데 이는 신경 생물학적 및 발달적 장애로 삶의 여러 영역에 영향을 미칩니다. 자폐 스펙트럼 아이는 의사소통, 비언어적인 행동에 대한 이해, 또래 관계 형성에 어려움을 겪습니다. 특정 분야에 특정한 관심과 재능을 가지고 있는 경우가 많지만 단체 생활에는 어려움이 많을 수 있습니다. 자폐 스펙트럼 아이는 종종 감각적인 부분에 있어 어려움이 있을 수 있고 정해진 일상을 고수하려는 경향이 매우 강합니다.

선생님이 우리 (아이의 이름)와 만나 보시면 장점이 많다는 것을 아실 거예요. 반면에 (아이의 이름)와 지내다 보면 몇 가지 어려움에 직면하게 되실 수 있습니다. 선생님을 당황하게 하는 아이의 행동이나 말은 아이가 조절할 수 있는 것이 아니며 고의적인 행동이 아닙니다. 가끔 (아이의 이름)은 어떻게 반응해야 할지 전혀 알지 못하기도 한답니다. 아래에는 주의해 주시기를 바라는 부분과 저희 아이를 지원하고 도와줄 수 있는 간단한 전략 및 제안 사항들을 적었으니 참고 부탁드립니다. 저희 아이나 자폐 스펙트럼에 관한 질문이 있으시면 언제든지 전화해 주세요. 연락처는 다음과 같습니다.

이름: 전화번호:

일반적인 행동 특성

- 자폐 스펙트럼 아이는 느린 학습자입니다. 즉, 다른 아이들과 거의 같은 방식으로 같은 시간에 학습하지만, 조금 뒤처지거나 특정 부분의 기술은 많이 부족할 수 있습니다.

- 아이가 어떤 상황에서 배운 것이 있더라도 그것을 지속적으로 기억하거나 새로운

상황까지 일반화는 못 할 수 있음을 꼭 기억해 주세요.

- 우리 아이는 선생님이 긍정적인 마음으로 인내하며 기다려 주시면 더 잘 반응합니다.

- 대개 목소리를 높이거나 굉장히 빠른 말투로 반복적인 지시를 내리는 것보다 차분하게 말하는 것이 더 효과적입니다.

- 때때로 우리 아이는 자신이 조절할 수 없을 정도의 '멜트다운(meltdowns)'을 겪게 됩니다. 멜트다운은 심리적 붕괴라고도 하는데, 스트레스 과잉 자극으로 인해 갑자기 불안이 높아져 패닉 발작을 일으키는 것입니다. 이럴 때에는 아이가 격해진 감정을 식힐 수 있는 안전하고 조용한 장소에 가 있게 해 주세요. 심리적인 붕괴 이전에 일어났던 일상의 변화, 시끄러운 소음 등을 기록해 놓고, 아이가 진정될 때까지 이전의 상황에 대한 이야기는 하지 말고 기다려 주세요.

- 아이가 화를 내거나 감정이 폭발했다면 아이가 일부러 그런 것이 아닙니다. 이것은 아이가 어려운 상황에 직면했을 때에 대항하기 위해서 / 무섭고 두렵기 때문에 / 피하기 위해서 보이는 반응입니다.

- 우리 아이는 어려움이 있을 때 선생님의 도움이 필요합니다. 바쁘시겠지만 시간을 내어 아이를 도와주세요. 인내하며 기다려 주신다면 우리 아이는 언젠가 선생님을 놀라게 해 드릴 것입니다.

- 아이의 강점을 자주 시각적으로 표시해 주세요. 그러면 아이는 계속 노력해야겠다는 용기를 얻을 수 있습니다.

- 차이와 다양성을 수용할 수 있는 환경을 조성해 주세요. 필요하다면 제가 아이들에게 이러한 차이점에 대해 알려 주는 짧은 프레젠테이션을 진행할 수도 있습니다. 짧은 이야기를 읽어 주고 그에 대한 토론을 진행하고 질문을 받을 수도 있습니다. 관심이 있으시면 연락 주세요.

반복하는 상동행동 / 인내심의 필요성

- 우리 아이는 똑같은 일을 반복해서 계속하려고 할 거예요. 스트레스나 불안이 증가하면 이런 모습을 더 많이 보일 수 있습니다.

- 반복적으로 하는 상동행동을 다른 적절한 활동으로 바꾸거나 스트레스나 불안을 다룰 다른 방법을 찾는다면 아이에게 도움이 될 것입니다.

전환

- 우리 아이는 하고 있던 활동을 다른 활동으로 전환하는 것이 어렵습니다. 이때는 일정을 알려 주는 그림이나 단어장이 도움이 될 수 있습니다.

- 일정이 변경되거나 중단될 때에는 미리 최대한 많이 이야기해 주세요. 아이는 변화를 받아들일 충분한 시간이 있어야만 변화에 적응할 수 있습니다.

- 활동을 변경하기 전에 한두 가지에 대해 미리 경고를 해 두는 것도 도움이 될 수 있습니다.

감각

- 우리 아이는 시끄러운 소음 또는 밝은 빛에 대한 민감성이 극히 높기 때문에 과하게 자극을 받을 수 있습니다.

- 우리 아이는 다른 아이들이 우는 소리와 화재경보기처럼 큰 소리에 특히 민감합니다. 그런 때에는 아이가 소음이 멈출 때까지 멀리 떨어진 장소에 가 있도록 허락해 주세요. 소음이 발생되기 전에 미리 아이에게 알려 주면 아이가 보다 적절하게 대처하는 데 도움이 될 수 있습니다.

- 많은 아이들이 모여 소란하고 소음이 클 경우, 우리 아이는 그런 상황으로부터 벗어나 있을 수 있는 조용한 장소가 필요합니다.

- 활동 사이 및 휴식 시간과 같이 구조화되지 않은 시간은 우리 아이에게 가장 어렵습니다. 이와 같이 아이가 힘들어하는 시간에는 보다 구체적인 안내와 이를 도와줄 다른 어른이 함께 있도록 해 주세요.

- 우리 아이에게는 오랜 시간 한자리에 가만히 앉아 있는 것이 매우 어려운 일이므로 '돌아다니기'를 허용해 주세요. 친구나 특수교육실무사와 함께 5분 정도만 걸어 다녀도 큰 도움이 될 수 있습니다. 아이에게 건물 주변으로 나갔다 오게 해 주세요. 수업 중에 가끔씩 일어서서 할 일을 하도록 해 주면 꽤 잘할 수 있을 거예요.

듣기·말하기 능력

- 우리 아이는 일련의 과정이나 지시 또는 한 번에 너무 많은 단어를 이해하기 어려울 수 있습니다.

- 아이가 따라야 할 지시 사항을 더 세부적이며 간단하게 단계별로 나누어 말해 주세요.

- 그림으로 보여 주거나 짧고 간단한 지시를 하는 것도 도움이 됩니다. "그만.", "차례를 기다리자." 또는 "나와 같이 가자."와 같이 지시하는 겁니다. 특정한 지시를 강화하기 위해 수신호를 사용하는 것도 도움이 될 수 있습니다.

- 아이가 이해할 수 있도록 더 천천히 그리고 더 짧은 문장으로 말해 주세요.

- 지시 사항을 명확하고 간단하게 반복해 주면 더 쉽게 이해할 수 있습니다.

- 아이가 선생님의 말을 듣지 못하는 상황임을 알게 되면 같은 지시를 반복하지 말아 주세요. 우리 아이는 자신이 해야 할 것이 무엇인지를 듣고 나서 행동으로 옮기는 데까지 약간의 시간이 필요하거든요. 만약 선생님이 아이에게 다시 지시를 내리신다면, 아이는 새로 들은 지시를 다시 처리해야 할 것이고, 해야 할 것을 하는 데 더 많은 시간이 걸릴 것입니다.

- 때로는 아이가 질문에 답하기까지 몇 초 이상이 걸릴 수 있습니다. 아이는 자신이 하고 있던 생각을 멈춘 뒤 질문을 입력하고 답을 정한 다음 말을 해야 하거든요. 답변이 나올 때까지 인내하며 기다려 주시고 다른 사람들도 그렇게 할 수 있게 해 주세요. 그렇지 않으면 아이는 답을 하기까지의 전체 과정을 다시 시작해야 합니다.

- 누군가가 아이가 말하는 문장을 끝맺음해 주려 하거나 중단시켜 도움을 주려고 하면, 아이는 종종 자신의 생각을 되찾기 위해 처음으로 돌아가 다시 시작해야 합니다. 아이의 말이 끝날 때까지 기다려 주세요.

언어

- 우리 아이의 어휘력과 언어 사용력이 높을 수는 있지만, 아이가 자신이 말하는 단어의 의미를 항상 잘 알고 있는 것은 아닙니다. 가끔씩 아이가 말하고 있는 단어들의 의미를 이해했는지 그 뜻을 물어보아 확인해 주세요.

- 우리 아이는 풍자나 유머를 잘 이해하지 못합니다. 아이는 매우 문자적이고, 모든 것을 액면 그대로 받아들이므로 농담을 하거나 비꼬는 말을 하면 아이가 단어 그대로의 의미로 이해할 수 있으니 참고해 주세요.

일상

- 대부분의 자폐 스펙트럼 아이는 구조화된 일과가 매우 중요하지만, 유지하기가 매우 어려울 수 있습니다. 우리 아이는 일과가 어떻게 진행될지 예측할 수 있을 때 편안함을 느끼고 일상이 변동되면 큰 스트레스를 받습니다.

- 특히 아이의 시각적 스케줄표에서 변경 사항이 있게 된다면, 확인하는 즉시 아이에게 알려 주세요.

조직화 기술

- 우리 아이는 많은 양의 정보를 기억하거나 저장된 정보를 사용하기 위해 끌어내는 능력이 부족합니다. 시각적 스케줄표는 아이가 그 정보들을 잘 따라갈 수 있게 도와줍니다.

- 아이가 볼 수 있도록 활동 또는 기타 프로젝트의 일정을 게시하고 아이가 그 일정표의 복사본을 가지고 있는지 확인해 주세요.

- 모든 과제나 지시 사항을 아이가 집에 가지고 가는지 확인해 주세요. 아이 혼자 챙겼을 때에는 빠뜨리는 경우가 많기 때문입니다.

- 자폐 스펙트럼 아이는 대부분 선생님의 말을 듣고, 칠판을 읽으며 동시에 필기를 할 수 없습니다. 아이의 이런 어려움을 이해해 주시고 선생님의 기대치를 조율해 주시기 바랍니다.

눈맞춤

- 때때로 우리 아이는 선생님의 말을 듣지 않는 것처럼 보일 수 있습니다. 아이가 선생님과 눈을 맞추지 않기 때문이지요. 하지만 선생님 말을 듣지 않고 있는 건 아닙니다. 아이에게 선생님을 쳐다보도록 강요하지 마세요. 아이에게는 매우 힘든 일이랍니다.

- 대부분의 사람들과는 달리 자폐 스펙트럼 아이는 강제로 눈을 마주치면 오히려 집중력이 떨어질 수 있습니다.

- 우리 아이는 선생님의 눈을 직접 쳐다보도록 강요받지 않으면 실제로 선생님 말을 더 잘 듣고 이해할 수 있습니다.

사회성 기술과 우정

- 이 영역은 자폐 스펙트럼 아이에게 가장 큰 도전 중 하나입니다. 자폐 스펙트럼 아이들은 친구를 사귀고 싶지만 어떻게 해야 할지 전혀 모르니까요.

- 아이를 도와주고 친근하게 대해 줄 친구들이 있는지 확인해 주세요. 친구가 있다는 느낌을 받으면, 아이는 집단생활을 더 편안하게 할 수 있습니다.

- 우정의 중요성과 차이, 다름을 존중하는 방법에 대해 학급에서 이야기를 나누면 장기적으로는 통합과 수용의 길에 이르게 될 것입니다.

- 안경을 쓴 사람은 시력에 문제가 있는 것처럼 자폐 스펙트럼 아이는 친구들과의 관계를 이해하는 데 어려움을 겪고 있다고 이야기해 주세요.

- 자폐 스펙트럼 아이는 다른 아이들로부터 괴롭힘을 당할 위험이 더 큽니다. 자폐 스펙트럼 아이는 친구들이 자신을 좋아해 주길 너무나 바라고, 다른 학생들로부터 거절당할까 두려워 괴롭힘을 당해도 말하지 않습니다. 가능하다면 괴롭힘이 쉽게 일어날 수 있는 쉬는 시간이나 자유 시간에 다른 아이들이 우리 아이를 어떻게 대하는지 잘 살펴봐 주시기 바랍니다.

저는 선생님이 원하신다면 언제든지 연락 드릴 수 있습니다. 서로 더 많이 대화를 나누면 나눌수록 문제를 더 빨리 해결할 수 있을 거예요. 선생님과 우리 가족이 원활히 의사소통하고 협력하면 모두가 만족할 수 있을 것입니다. 아이를 위해 애써 주셔서 감사합니다.